JN033227

はじめに

はじめての服作りは、ロックミシンから
始めてほしいと思っています。

普通のミシンで作るよりも
かんたん、きれいに早く服が作れるからです。

扱いが難しいと思われているニット地も、
ロックミシンなら
縁かがりと縫い合わせが一度にできるので
縫うのが苦手な人にこそおすすめできます。

長年ロックミシンソーイングはかんたんと、
出版・セミナー・スクールで提案してきました。

うれしいことに、どんどん新しく進化している
ロックミシンを皆様にぜひ、
知って、使って、いただきたいと思っています。

今回は手動糸調子と自動糸調子の
両方のロックミシンに対応し、
困った時もこれ一冊でわかるよう、
この本を作りました。

ロックミシンを最大限に使いこなせる、
ガイドブックとして、皆様のお手元で
お役に立てる事を願っています。

クライ・ムキ

ミシンのセットアップ早見表

この本はクライ・ムキのオリジナルロックミシン、
オリジナルwaveロックミシンを使用して解説をしています。
ロックミシンの設定が解りやすいように、ミシンのセットアップを
2種類のセットアップ早見表にまとめて掲載してあります。
設定の方法は16・26ページを参照してください。

セットアップ早見表の見方

自動糸調子ロックミシン （P.26・27参照）

例：2本針4本糸ロック

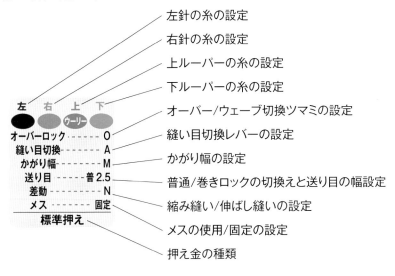

左針の糸の設定
右針の糸の設定
上ルーパーの糸の設定
下ルーパーの糸の設定
オーバー/ウェーブ切換ツマミの設定
縫い目切換レバーの設定
かがり幅の設定
普通/巻きロックの切換えと送り目の幅設定
縮み縫い/伸ばし縫いの設定
メスの使用/固定の設定
押え金の種類

左　右　上　下
ウーリー
オーバーロック ---- 0
縫い目切換 ------ A
かがり幅 ------ M
送り目 ---- 普2.5
差動 ------ N
メス ------ 固定
標準押え

●実際の縫い目のイメージ

裏
下ルーパー糸
上ルーパー糸
左針糸
右針糸
表

手動糸調子ロックミシン （P.16・17参照）

例：2本針4本糸ロック

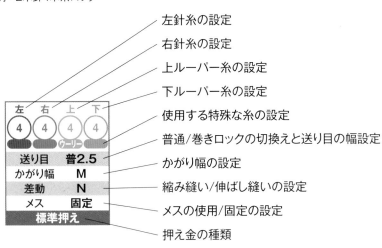

左針糸の設定
右針糸の設定
上ルーパー糸の設定
下ルーパー糸の設定
使用する特殊な糸の設定
普通/巻きロックの切換えと送り目の幅設定
かがり幅の設定
縮み縫い/伸ばし縫いの設定
メスの使用/固定の設定
押え金の種類

左　右　上　下
4　4　4　4
ウーリー
送り目　普2.5
かがり幅　M
差動　N
メス　固定
標準押え

●クライ・ムキ ロックミシン
（KM-504 baby lock）

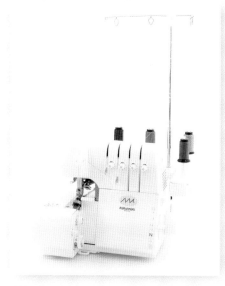

2本針4本糸の手動糸調子オーバーロックミシン。4本糸・3本糸・2本糸のオーバーロックと巻きロックができる。

衣縫人（baby lock）
2本針4本糸に対応

糸調子ダイヤル

●ふらっとろっく（BL72S baby lock）

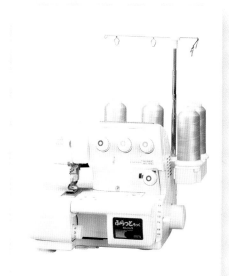

布の裏でかがり縫いをしながら、表側は2本のミシン目で縫えるカバーステッチミシンや、3本のミシン目のトリプルカバーステッチミシン、チェーンステッチ縫いもできるミシン。

表

裏

カバーステッチ

●クライ・ムキ waveロックミシン
（KM-68WFS baby lock）

2本針4本糸の自動糸調子ロックミシン。かがり目に波状模様ができるウェーブロック機能付きミシン。

自動糸調子
（ジャストフィットシステム）

糸取物語wave（baby lock）に対応

ウェーブロックミシン

●縫希星（BL-86WJ baby lock）

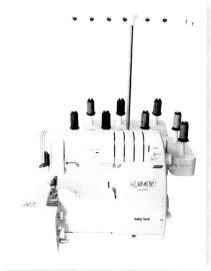

オーバーロックとカバーステッチの両方の縫い目ができる。さらに、インターロック（1本針3本糸ロックの縁かがりとチェーンステッチ縫いが同時にできる）など両方のミシンの掛け合わせた縫い目ができる、複合機。

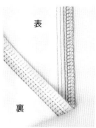

表

裏

コンビネーションステッチ

もくじ

ロックミシンとは?

ロックミシンは「環縫い」と呼ばれる糸を編み合わせる手法で縫うミシンです。
布端をカットして、縁かがりをするミシンをオーバーロックミシンと呼びます。

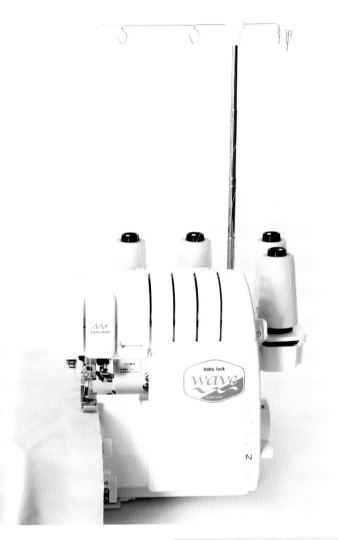

1 簡単でスピーディー

布端を切りそろえながら、一定の幅で縫う事ができる。縁かがりと縫い合わせが一度にできる。

ロックミシンだけで服が作れる!

2本針4本糸ロックの縫い目

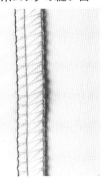

2 伸縮素材に最適!

ロックミシンの縫い目は糸が絡まって編み目のようになっているので、伸びる素材が得意なのです。ニット生地を簡単にきれいに縫うことができます。

3 厚地からほつれやすい布地、薄い布地も得意!

オーガンジーや透ける素材など、直線ミシンでは縫い目が目立ってしまう薄い布をきれいに仕上げることができます。

いろいろな縫い方ができる!

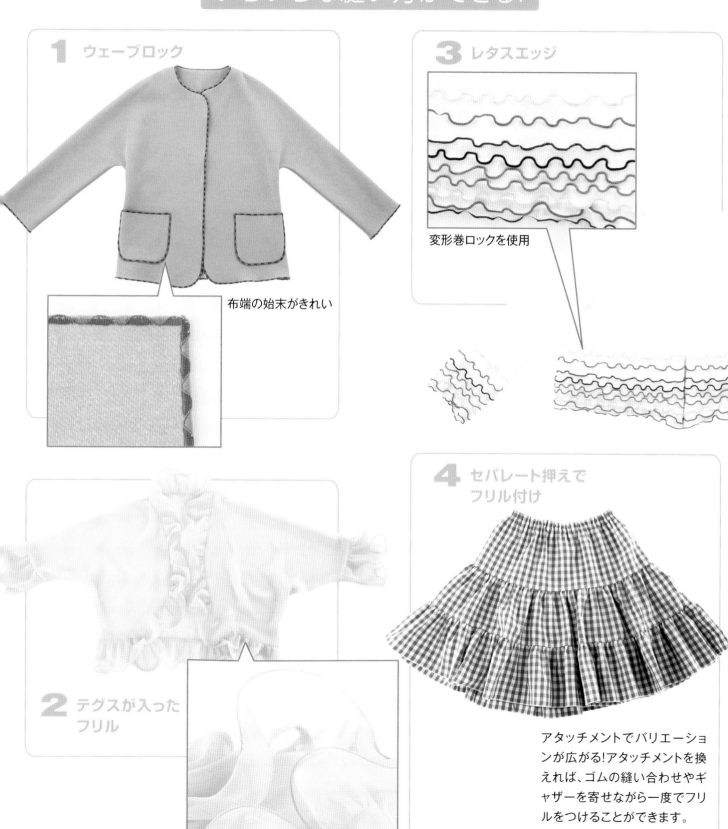

1 ウェーブロック

布端の始末がきれい

2 テグスが入った
フリル

3 レタスエッジ

変形巻ロックを使用

4 セパレート押えで
フリル付け

アタッチメントでバリエーションが広がる!アタッチメントを換えれば、ゴムの縫い合わせやギャザーを寄せながら一度でフリルをつけることができます。

縫い目の種類

オーバーロック

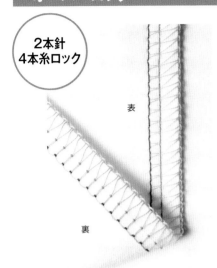

**2本針
4本糸ロック**

縁かがりと縫い合わせを同時にしたい
ときに。直線針糸が2本で、仕上がりが
丈夫なので、ニットの縫い合わせに最
適です。かがり幅が広く、厚い生地に
も対応できます。

▶▶16～35ページ参照

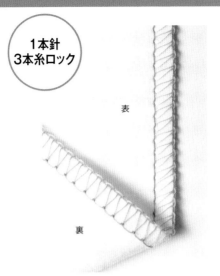

**1本針
3本糸ロック**

裁ち端の始末や縁かがり、薄手の布の
縫い合わせに使います。

▶▶36・37ページ参照

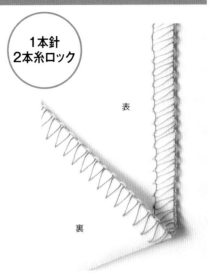

**1本針
2本糸ロック**

上下2本糸を使用して、薄手の布の始
末に最適です。最近は飾り縫いに使い
ます。

▶▶42～45ページ参照

オーバーロック

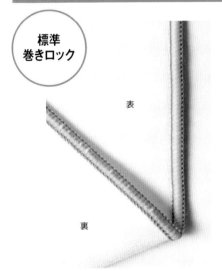

**標準
巻きロック**

布端を一折りしながら、細かくかがる
縫い方です。透ける布、ほつれやすい
布、薄手の布の縫い合わせにも使用し
ます。細ロックともいいます。

▶▶38・39ページ参照

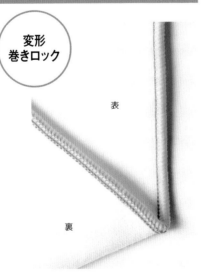

**変形
巻きロック**

上ルーパー糸をウーリー糸に換えて、
布端をぐるりと巻く縫い方です。
飾り縫いによく使います。
全巻き縫いともいいます。

▶▶40・41ページ参照

ウェーブロック

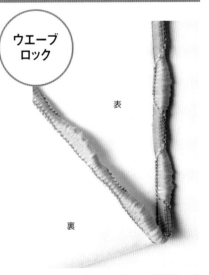

**ウエーブ
ロック**

ウーリー糸を使い、縫い目が波状の模
様になる縫い方です。

▶▶68～70ページ参照

ウェーブロック

変形ウエーブロック

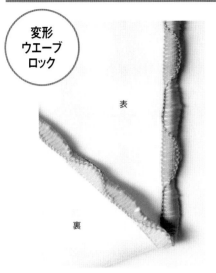

表

裏

針糸にもウーリー糸を使い、表裏にウェーブが出る縫い方です。

▶▶69ページ参照

巻きウェーブロック

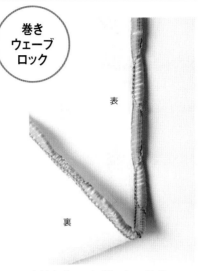

表

裏

布端をくるみながら、細い波状になる飾り縫いです。

▶▶71ページ参照

カバーステッチ

チェーンステッチ

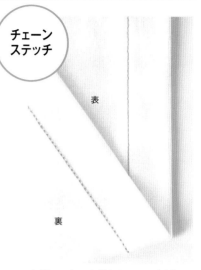

表

裏

表側は1本の直線ミシン目、裏側はチェーンステッチになる縫い方です。伸縮性があるので、ニットの地縫いやステッチとして使われます。二重環縫いといいます。

▶▶84ページ参照

カバーステッチ

カバーステッチ

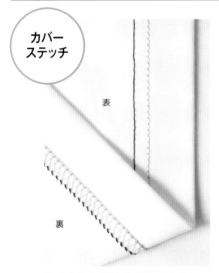

表

裏

裏側で縁かがりしながら、表に直線縫いのWステッチが出る縫い方です。裾上げによく使われる縫い目です。

▶▶84ページ参照

トリプルカバーステッチ

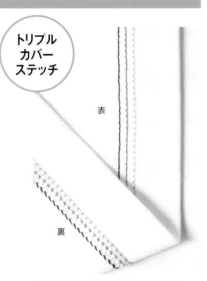

表

裏

表には3本の直線ミシン目が出て、裏側で縁かがりする縫い目です。

▶▶84ページ参照

コンビネーションステッチ

インターロック

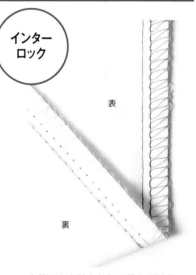

表

裏

布端は1本針3本糸で縁かがりをして、その内側をチェーンステッチで同時に縫う、縫い方です。ジーンズやシャツの地縫いによく使われます。

▶▶88ページ参照

布について

布地は織り物（布帛）と編み地（ニット、ジャージー）に分類されますが、ロックミシンは伸縮性のあるニット地を縫い合わせるのに適しています。ここでは、よく使うニット地を紹介しています。

天竺（プレーンニット　平編み）

ニット地の最も代表的な編み地。表はメリヤス編み、裏は裏編みと表裏があるため、生地端が丸まりやすい、上下の端は表側に、左右の端は裏側にまるまる性質がある。

スムース（両面編み）

2つのゴム編みを交互に重ね合わせ、表裏ともメリヤス編みに見え平でなめらかな素材。程よく伸びて、布地が丸まることもないので使いやすい。

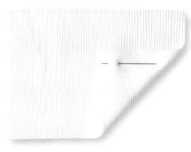

フライス

裏表とも1目ゴム編みで良く伸縮する素材、Tシャツや肌着に用いられる。横方向の伸縮性が大きく、カールしない。通常の糸より撚りを強くした、「強撚フライス」はさらりと感じる肌触り。

ポンチローマ

ダブル編み機で編まれた両面編みで縦横の伸びが少なく、しっかりした編地。形態安定性を持ち、比較的厚地でジャケットやコートなどに向いている。

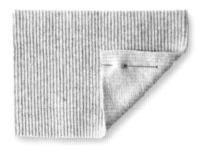

スパンテレコ（リブニット）

「てれこ」はもともと関西の方言で「あべこべ」のこと、表目と裏目が同じ数で交互に並んだゴム編みの事。スパン糸を織り込んで袖口、裾のリブとして使用する。

ダブルフェイス

表裏両面を表として使用できる布地。2枚の布地を貼り合わせたり、縫いつけたりして作られている。厚地で保温性が高いので、冬物に使われることが多い。

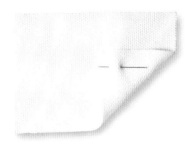

かのこ編み

平編みとひきあげ編みを交互に組み合わせた組織で表かのこ、裏かのこなどがある。隆起した編み目で肌への接面積が少なく、さらりとしている。ポロシャツなどによく使われる。

ジャカードニット

編み込みで色柄を施した布地。フランス人発明家のジャカールが作ったジャカード機で製作された布地。最近ではコンピュータデザインシステムで多様な柄がある。

パイル

地糸の他に立毛となる糸を編み込んでパイルを形成。パイルをカットし、ビロード状になったものをニットベロアという。

スウェット（裏毛）

表は平織りに裏は太い糸をループ状に入れてパイル編みにしたもの。吸汗性、保温が高く、丈夫。トレーナーやカジュアルウェアに使われる。

裏起毛ニット

スウェットの裏面パイルを起毛した布地。伸縮性は小さい。裏起毛の暖かさを持ったニット地。

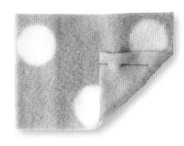

フリース

ポリエステル繊維で作られたやわらかく起毛した布地。パイル状に編み上げた輪の部分をカットして起毛させ毛足を作っている。軽量で保温性が高く、速乾性にも優れているのでアウトドアでよく使われる。ウールよりも非常に細い繊維なのでチクチクしない。

圧縮ニット

ニットを縮絨したもの。網目が密になるので、伸縮率が小さくなる。フェルト状になる。

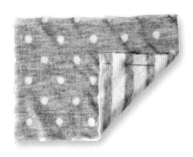

接結ニット

2枚のニット地を重ねて部分的に糸止めして、1枚の布地にしたもの。ダブルフェイスよりも薄くて柔らかい、保温性があるニット地。

レース

編んだり、刺しゅうをして透かし模様を施した布地。ラッセルレース、チュールレースなどがある。

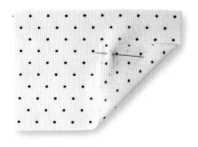

エスパンディ

ポリエステル100%でツルツルしている。伸縮性のある糸に光沢のあるシルクのようなさらっとした手触り。シワになりにくい。

ニットシフォン

ナイロン、ポリエステル、シルク等の細い糸で編まれている。透け感があるやわらかなニット地。

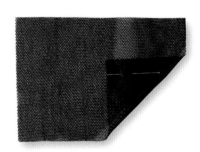

パワーネット

縦横によく伸びる、薄いニット。ストレッチパワーのある細かいネット状の編み物。透け感があり、肌触りが良い。

接着芯・副資材&あると便利な道具

接着芯
5cm幅・15cm幅・35cm幅の
使い勝手の良い、万能接着芯。

伸び止め接着テープ
アイロンで接着する、
伸び止め接着テープ。
肩や衿ぐりに使用する。

テグス

フリーウェーブ
透明な釣り糸状のもので、巻きロックの縫い目に縫い込んで使う。
自由に曲線が作れる。

エキストラテープ
薄くて、戻り率が良いニット用
伸び止めテープ。シフォンなど
の透ける素材にも使えて便利。

バルキー押え

ストレッチレース
ゴムのように伸縮性のある
レース。下着の飾りなどに
使用する。

ウーリースピンテープ
肩や衿ぐりなどの伸び止めテ
ープとして、縫い込んで使う。

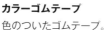

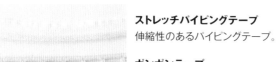

ビーズブレード
ビーズ押えで縫いつける、
ひも状になったビーズ。

カラーゴムテープ
色のついたゴムテープ。

ストレッチパイピングテープ
伸縮性のあるパイピングテープ。

ボンボンテープ
片側に小さなボンテンが
ついたストレッチテープ。

縁どり用ニットテープ
四つ折りになった、
ニットテープ。

あると便利な道具

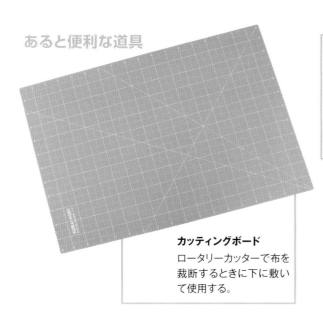

カッティングボード
ロータリーカッターで布を裁断するときに下に敷いて使用する。

ロータリーカッター
布を裁断するときに使用する。ハサミより正確でスピーディにカットできる。

ハサミ（クラフトチョキ）
布や紙、糸など切る素材を選ばず、多用途に使えるハサミ。

ピンセット型ハサミ
にぎった状態で布を押えたり、糸切りハサミやリッパーとして使える。失敗した縫い目をほどくなど、細かい作業が可能。

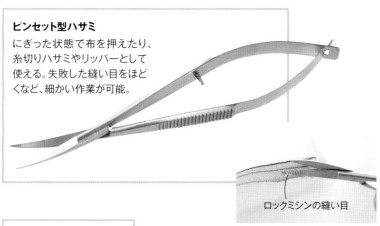

ロックミシンの縫い目

ピンセット
針に糸を通したり、手で持つ代わりに布を挟んだりする。

ソーングクリップ
まち針の代わりに布を挟んでとめるクリップ。先が細くなっている物も便利。

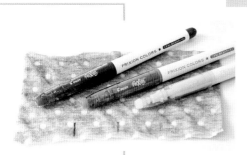

消せるカラーペン
（フリクションサインペン）

布に印を書くときに使用します。低温（80〜120℃）のアイロンをかけると、印が無色になる。水溶性なので水や洗濯で印はきれいに落ちる。

布用ペンタイプのり（仮止め用）
しつけ糸やまち針を使わずに簡単に仮止めができます。塗るとブルー、乾くと透明になります。

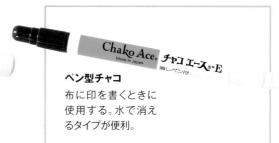

ペン型チャコ
布に印を書くときに使用する。水で消えるタイプが便利。

糸の選び方

ロックミシンではどんな糸でも使うことができます。
縫い合わせや飾り縫いなど、布地や用途に合わせて選びましょう。
直線ミシン用の糸やボビンに巻いた糸も使うことができます。

80〜60番ミシン糸（針糸・ルーパー糸に使用）

縫い合わせに使う糸。
基本的に3本又は4本、同じ糸を使用します。

★フジックス
ニットソーイング糸#60

★オゼキ
ミロマルチ糸#80

> 手芸店で最も手に入りやすい糸です。厚めの布にも対応しています。

> 普通ミシンもロックミシンもOKの糸です。糸を毛羽立たせたフィラメントバン加工がしてあるため、縫い目が丈夫です。色数が多く、アバレルメーカーでも使用されている糸です。

ウーリー糸（ルーパー糸に使用）

飾り縫いや、良く伸びる布地を縫うときにルーパーに使用する糸です。巻きロックにもよく使います。ふんわりしているので、かさ高に仕上がります。

★オゼキ
ミロウーリー糸

★フジックス ウーリーロック糸

ウーリーラメ糸（ルーパー糸に使用）

ウーリー糸の特徴をそのままに、ラメが入った装飾糸です。

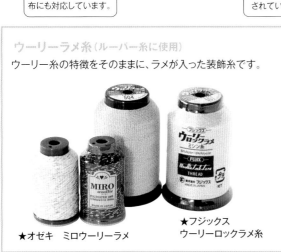

★オゼキ　ミロウーリーラメ

★フジックス
ウーリーロックラメ糸

飾り糸

段染めやマルチカラー、ミックス糸など縫い目をかわいく目立たせてくれる飾り糸です。開き縫いやパイピング風の縫い目に。

★フジックス
キングスターマルチカラー

★オゼキ　ミロプリズム

飾り糸

表面に光沢があり、刺しゅうに用いる糸、フリンジ縫いや開き縫い、ひも作りなどに使用します。

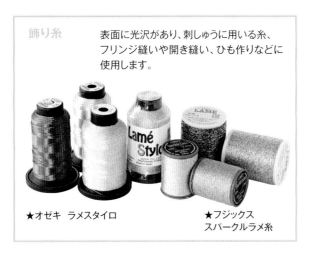

★オゼキ　ラメスタイロ

★フジックス
スパークルラメ糸

point

この他に90番の糸もあります。ロックミシンを購入した場合ついてくる糸は90番が最も多いのですが、縫い合わせには強度が心配なので、布地端のかがり縫いに使用した方が良いでしょう。

ウーリー糸は糸立てに立てると、写真のようにたるんだ糸が絡んでしまうので、机に置いて使用するとよい。

機能性をプラスした糸

静電気防止をするミシン糸です。ルーパー糸に使用すると、より効果が上がります。

★フジックス キングせいでん糸

刺しゅう糸

色が豊富で、きれいな発色が特徴です。ミシンにセットしてそのまま使用できます。

★オゼキ ミロ手刺しゅう糸

point

ロックミシンの場合は普通ミシンと違い、縫い方によって2～4本の糸を使います。2本針4本糸の場合、縫う長さに対して針糸はおよそ2倍、ルーパー糸はおよそ5倍の長さが必要になりますので、購入の際には注意しましょう。
なお、水着やレオタード素材など、伸縮性が極めて高い布地以外には、針糸にニット用の糸を使用する必要はありません。

針の選び方

針は布地に合わせて選びましょう。
ニット地を縫うときは必ず、ニット用のミシン針を使用します。
ニット用のミシン針は布地を傷めないように
先が、丸くなっています。
針は消耗品です。縫い目が乱れたり、目とびがしたり
するときは針を交換しましょう。

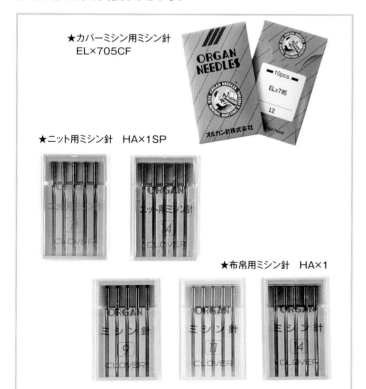

★カバーミシン用ミシン針
EL×705CF

★ニット用ミシン針　HA×1SP

★布帛用ミシン針　HA×1

布地と針と糸の関係 ※数字が大きくなると針は太く、糸は細くなります。

布地	布帛の縁かがり	ニットの縫い合わせ	針	糸
薄地	オーガンジーローン	薄手天竺エスパンディニット	9番～11番	100～80番
普通地	ブロードシーチング	天竺スムース	11番	80～60番
厚地	デニムキルティング	スウェットダブルフェイス	11番～14番	60番

ロックミシンの機種により適する針の種類が違います。例えば工業用や職業用など、お使いのミシンの取扱説明書を見て確認して使いましょう。

注意

ロックミシンの自動針糸通し機能は9番の針に糸は通せません。11番が一般的です。

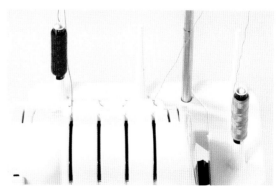

刺しゅう糸など、太い糸は14番の針を使います。

各部の名称と働き
手動糸調子ロックミシン

ロックミシンってどんなミシン？
どんなことができるの？
各部の名称と併せてその構造を
のぞいてみましょう！

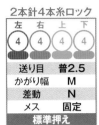

2本針4本糸ロック			
左	右	上	下
4	4	4	4
送り目	普2.5		
かがり幅	M		
差動	N		
メス	固定		
標準押え			

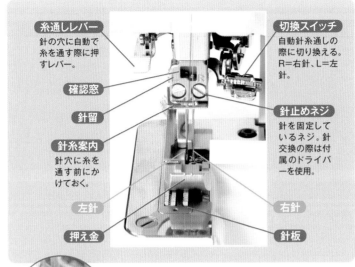

糸通しレバー
針の穴に自動で糸を通す際に押すレバー。

切換スイッチ
自動針糸通しの際に切り換える。R=右針、L=左針。

確認窓

針留

針糸案内
針穴に糸を通す前にかけておく。

針止めネジ
針を固定しているネジ。針交換の際は付属のドライバーを使用。

左針

右針

押え金

針板

かがり幅ダイヤルとは？
かがり幅の幅を調節するためのダイヤル。小・M・大がある。通常はMに合せておく。巻きロックの場合もM。

小…生地が薄い場合、かがり幅を狭くする
M…普通地
大…厚地の場合、かがり幅を広くする

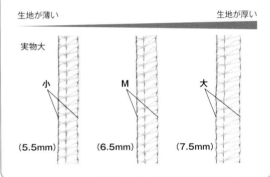

生地が薄い　　　　　　　　生地が厚い

実物大

小　　　　　M　　　　　大

(5.5mm)　　(6.5mm)　　(7.5mm)

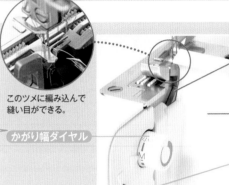

このツメに編み込んで縫い目ができる。

かがり幅ダイヤル

メス
縫い進みながら布をカットする。

メスカバー

メス固定ツマミ
ピンタックや飾り縫など、メスを使用しない場合はこのツマミを「固定」にセットする。

送り目&巻きロックダイヤル

※ ▢ 囲みのパーツはミシンのセットアップ早見表にある設定箇所です。

通常2.5がきれい

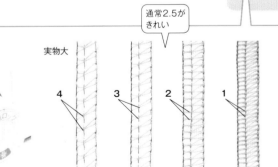

普通ロック
送り目（1〜4）

実物大

4　　3　　2　　1

送り目ダイヤルとは？
縫い目の粗さを調節できるダイヤル。巻きロックの切り換えもこのダイヤルで行う。通常、生地が厚いときは粗く、薄地の場合は細かくする。巻きロックの送り目はデザインによって選ぶ。

指針のラインがあるところは0.75mm。

巻きロック
送り目（1〜4）

実物大

4　　2　　0.75

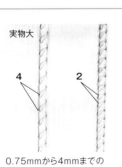

0.75mmから4mmまでの縫い目の調節ができる。

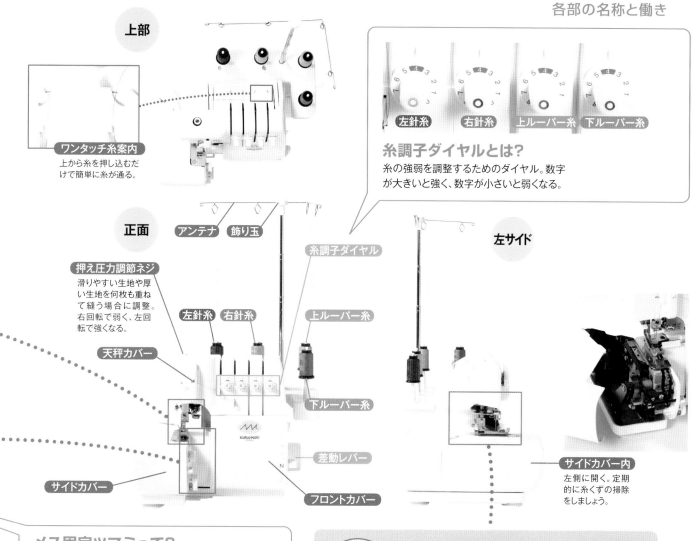

上部

ワンタッチ糸案内
上から糸を押し込むだけで簡単に糸が通る。

左針糸　右針糸　上ルーパー糸　下ルーパー糸

糸調子ダイヤルとは?
糸の強弱を調整するためのダイヤル。数字が大きいと強く、数字が小さいと弱くなる。

正面

アンテナ　飾り玉

糸調子ダイヤル

押え圧力調節ネジ
滑りやすい生地や厚い生地を何枚も重ねて縫う場合に調整。右回転で弱く、左回転で強くなる。

左針糸　右針糸

天秤カバー

上ルーパー糸

下ルーパー糸

差動レバー

サイドカバー

フロントカバー

左サイド

サイドカバー内
左側に開く。定期的に糸くずの掃除をしましょう。

メス固定ツマミって?
メスを使わないときに使用するツマミ。ツマミを回して固定にすると、布をカットせずに縫うことができる。

固定せず縫う場合

布端を切りながら縫える。

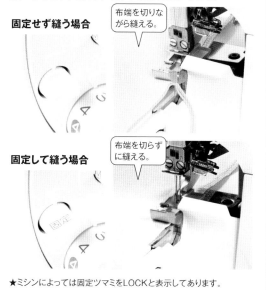

固定して縫う場合

布端を切らずに縫える。

★ミシンによっては固定ツマミをLOCKと表示してあります。

糸通しレバー
針糸に自動で糸通しができる。

押え金

糸切り
縫い終わった糸を引っ掛けると簡単にカットできる。

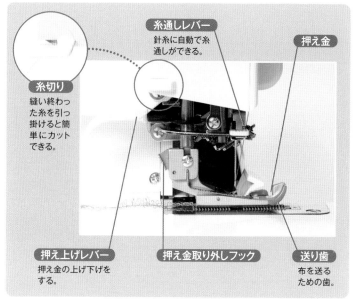

押え上げレバー
押え金の上げ下げをする。

押え金取り外しフック

送り歯
布を送るための歯。

各部の名称と働き
手動糸調子ロックミシン

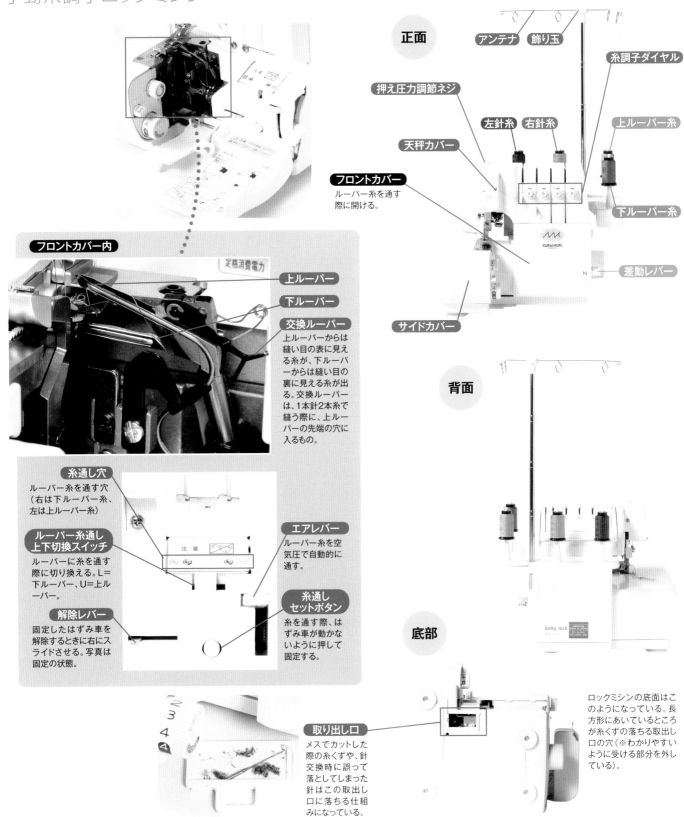

正面

アンテナ

飾り玉

糸調子ダイヤル

押え圧力調節ネジ

左針糸

右針糸

上ルーパー糸

天秤カバー

フロントカバー
ルーパー糸を通す際に開ける。

下ルーパー糸

差動レバー

サイドカバー

フロントカバー内

定格消費電力

上ルーパー

下ルーパー

交換ルーパー
上ルーパーからは縫い目の表に見える糸が、下ルーパーからは縫い目の裏に見える糸が出る。交換ルーパーは、1本針2本糸で縫う際に、上ルーパーの先端の穴に入るもの。

糸通し穴
ルーパー糸を通す穴（右は下ルーパー糸、左は上ルーパー糸）

ルーパー糸通し上下切換スイッチ
ルーパーに糸を通す際に切り換える。L＝下ルーパー、U＝上ルーパー。

エアレバー
ルーパー糸を空気圧で自動的に通す。

解除レバー
固定したはずみ車を解除するときに右にスライドさせる。写真は固定の状態。

糸通しセットボタン
糸を通す際、はずみ車が動かないように押して固定する。

背面

底部

取り出し口
メスでカットした際の糸くずや、針交換時に誤って落としてしまった針はこの取出し口に落ちる仕組みになっている。

ロックミシンの底面はこのようになっている。長方形にあいているところが糸くずの落ちる取出し口の穴（※わかりやすいように受ける部分を外している）。

右サイド

アクセサリーボックス
糸置き台を右方向にスライドさせると、小物入れになる。よく使う道具や針交換に必要なドライバーなどを入れておくと便利。

糸置き台

付属品
左から
掃除用ブラシ
（針交換用具をかねる）
ドライバー
ピンセット
ミシン針
（HA×1SP#11）
とじ針
上メス（交換用）
※針は必ず『ご使用のてびき』に記載のものを使用のこと

はずみ車
針を手動で上下したい場合や、はずみ車を固定したい場合に手で回す。自動針糸通しを使うときに合わせる指針。

差動レバー

ロックミシンには直線ミシンには無い、差動レバーがついている

電源（照明ライト）スイッチ
本体の電源のON・OFFを切り換えるスイッチ。ONにすると照明が点灯する。

フットコントローラー
縫う速さは、コントローラーを強く踏むと速く、弱く踏むと遅くなる。

フットコントローラー差込口

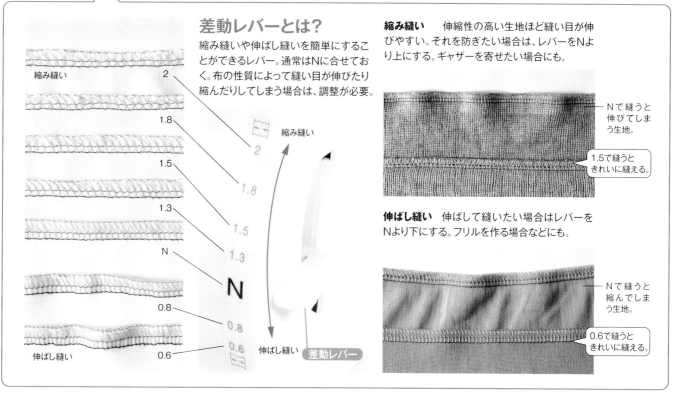

差動レバーとは？
縮み縫いや伸ばし縫いを簡単にすることができるレバー。通常はNに合せておく。布の性質によって縫い目が伸びたり縮んだりしてしまう場合は、調整が必要。

縮み縫い　2
1.8
1.5
1.3
N
0.8
伸ばし縫い　0.6

2
1.8
1.5
1.3
N
0.8
0.6

縮み縫い

伸ばし縫い

差動レバー

縮み縫い　伸縮性の高い生地ほど縫い目が伸びやすい。それを防ぎたい場合は、レバーをNより上にする。ギャザーを寄せたい場合にも。

Nで縫うと伸びてしまう生地。

1.5で縫うときれいに縫える。

伸ばし縫い　伸ばして縫いたい場合はレバーをNより下にする。フリルを作る場合などにも。

Nで縫うと縮んでしまう生地。

0.6で縫うときれいに縫える。

各部の名称と働き
自動糸調子ロックミシン

ここでは「クライ・ムキwaveロックミシン」の各部の名称と働きを紹介します。16ページのミシンとの大きな違いは波状模様のウエーブロックができること、自動糸調子がついたこと、針板にメスの指針の赤いラインが入ったことが上げられます。

2本針4本糸ロック

	左	右	上	下
オーバーロック				O
縫い目交換				A
かがり幅				M
送り目			普	2.5
差動				N
メス				固定
標準押え				

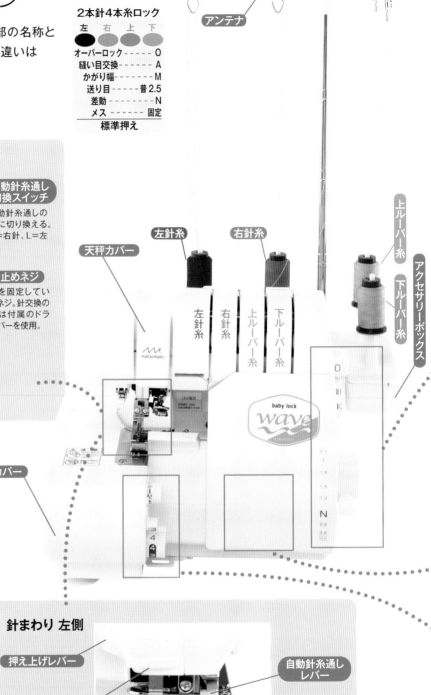

アンテナ

左針糸

右針糸

上ルーパー糸
下ルーパー糸

アクセサリーボックス

天秤カバー

左針糸
右針糸
上ルーパー糸
下ルーパー糸

baby lock
wave

サイドカバー

針まわり 正面

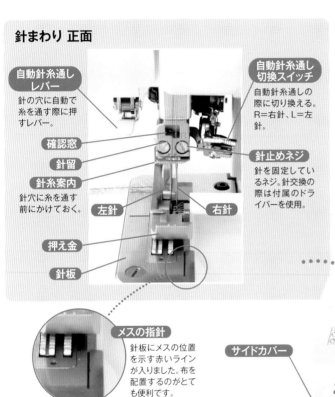

自動針糸通しレバー
針の穴に自動で糸を通す際に押すレバー。

確認窓

針留

針糸案内
針穴に糸を通す前にかけておく。

押え金

針板

左針

右針

自動針糸通し切換スイッチ
自動針糸通しの際に切り換える。R=右針、L=左針。

針止めネジ
針を固定しているネジ。針交換の際は付属のドライバーを使用。

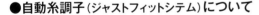

メスの指針
針板にメスの位置を示す赤いラインが入りました。布を配置するのがとても便利です。

●自動糸調子 (ジャストフィットシステム) について

独特の勘が必要だった糸の丁度良い張り具合を、自動で調整してくれます。布地の種類や厚さが変るたびに調整していた煩わしさから解放されます。

針まわり 左側

押え上げレバー

糸切り

押え金取り外しフック

自動針糸通しレバー

針

押え金

右レバーまわり

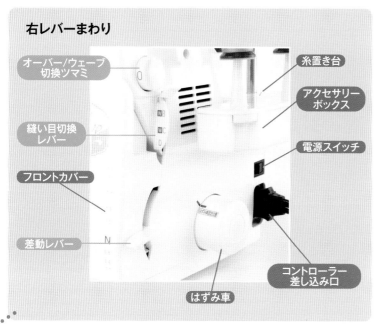

- オーバー/ウェーブ 切換ツマミ
- 縫い目切換 レバー
- フロントカバー
- 差動レバー
- 糸置き台
- アクセサリー ボックス
- 電源スイッチ
- コントローラー 差し込み口
- はずみ車

※ [　] 囲みのパーツはミシンのセットアップ早見表にある設定箇所です。

フロントカバー 内側

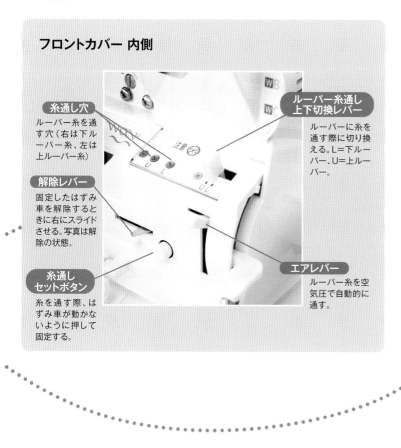

糸通し穴
ルーパー糸を通す穴（右は下ルーパー糸、左は上ルーパー糸）

解除レバー
固定したはずみ車を解除するときに右にスライドさせる。写真は解除の状態。

糸通し セットボタン
糸を通す際は、はずみ車が動かないように押して固定する。

ルーパー糸通し 上下切換レバー
ルーパーに糸を通す際に切り換える。L=下ルーパー、U=上ルーパー。

エアレバー
ルーパー糸を空気圧で自動的に通す。

アクセサリーボックス内

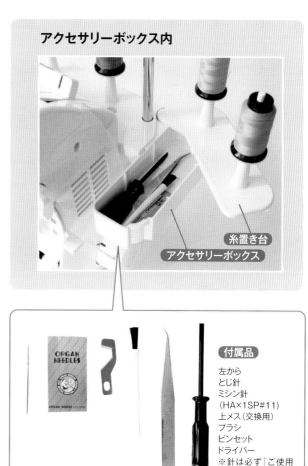

- 糸置き台
- アクセサリーボックス

付属品
左から
とじ針
ミシン針
（HA×1SP#11）
上メス（交換用）
ブラシ
ピンセット
ドライバー
※針は必ず『ご使用のてびき』に記載のものを使用のこと

ダイヤルまわり

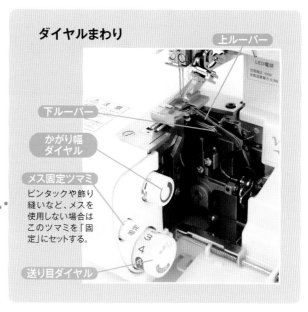

- 上ルーパー
- LED電球
- 下ルーパー
- かがり幅 ダイヤル
- **メス固定ツマミ**
ピンタックや飾り縫いなど、メスを使用しない場合はこのツマミを「固定」にセットする。
- 送り目ダイヤル

糸のかけ方

「クライ・ムキwaveロックミシン」を使って、2本針4本糸ロックの糸のかけ方を紹介します。どの糸からかけてもOKですが、ここでは下ルーパー糸、上ルーパー糸、右針糸、左針糸の順にかけています。

point
糸かけの順序
ルーパー糸をかけてから針糸をかけないと糸が絡まない機種があります。取扱説明書などで確認してください。

糸かけの前にすること

糸かけをするときはミシンが動かないように必ず、「はずみ車の固定」をしてください。

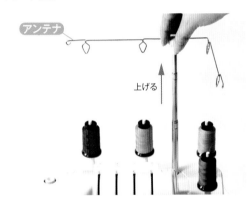

1 アンテナを上に引き上げ、糸置き台に糸をセットする。フロントカバーとメスカバーを開ける。

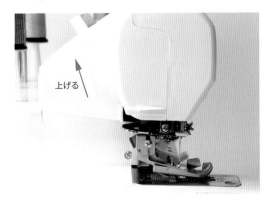

2 押え上げレバーを上げて、押え金を上げる。

1. はずみ車の固定

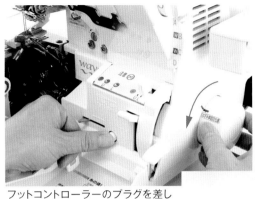

はずみ車

フットコントローラーのプラグを差し込んで、コンセントにつなぐ。電源スイッチを入れる。糸通しセットボタンを押しながら、はずみ車を手前に回し、「はずみ車固定位置」の指針とミシン本体の指針を合わせる。カチッと音がして、解除レバーが左に動く。

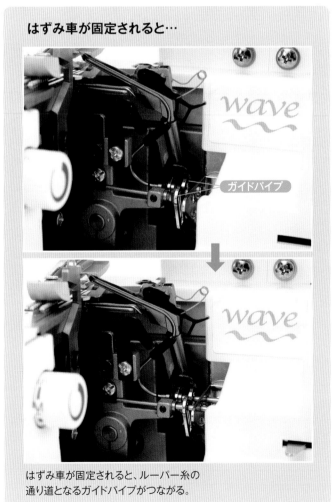

はずみ車が固定されると…

ガイドパイプ

wave

wave

はずみ車が固定されると、ルーパー糸の通り道となるガイドパイプがつながる。

2. 下ルーパー糸をかける

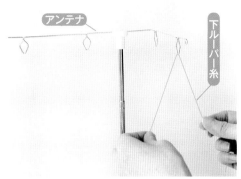

アンテナ

下ルーパー糸

1 下ルーパー糸をアンテナにかける。

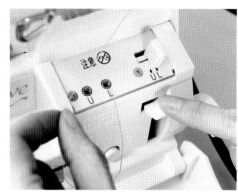

注意

5 糸は30〜40cmほど手前にたるませておく。この状態でエアレバーを押し下げる。

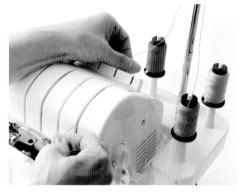

2 右端のワンタッチ糸案内に糸をかけ、溝に糸を入れて下まで下げてツメにかける。

糸が出る

下ルーパー

6 空気の力で下ルーパーから糸が出る。(エアスルーシステム)

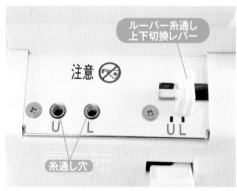

ルーパー糸通し上下切換レバー

注意

糸通し穴

3 「ルーパー糸通し上下切換レバー」をLにセットする。L＝LOWER(下側)

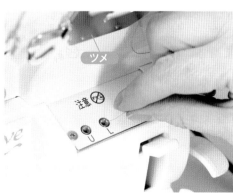

ツメ

注意

4 Lの糸通し穴に糸の先を2cmほど差し込む。

手動糸調子ロックミシンの場合

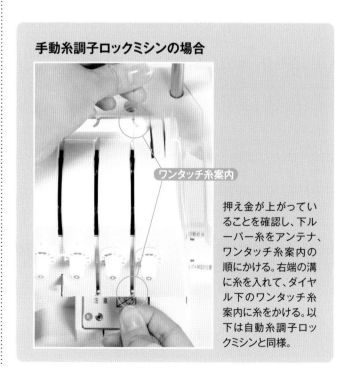

ワンタッチ糸案内

押え金が上がっていることを確認し、下ルーパー糸をアンテナ、ワンタッチ糸案内の順にかける。右端の溝に糸を入れて、ダイヤル下のワンタッチ糸案内に糸をかける。以下は自動糸調子ロックミシンと同様。

糸のかけ方

3. 上ルーパー糸をかける

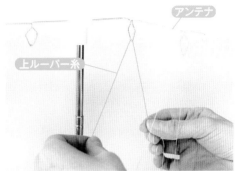

1 上ルーパー糸をアンテナにかける。

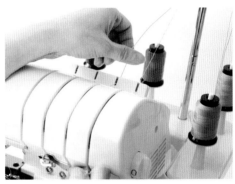

2 右から2番目のワンタッチ糸案内に糸をかけ、溝に糸を入れて下まで下げてツメにかける。

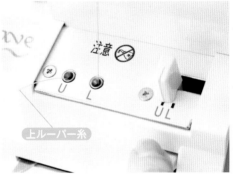

3 ルーパー糸通し上下切換レバー」をUにセットする。Uの糸通し穴に糸の先を2cmほど差し込む。下ルーパー糸の通し方と同様に糸は30〜40cmほど手前にたるませておく。この状態でエアレバーを押し下げる。U＝UPPER(上側)

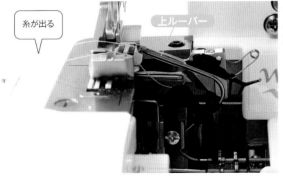

糸が出る

4 空気の力で上ルーパーから糸が出る。

4. 針糸をかける

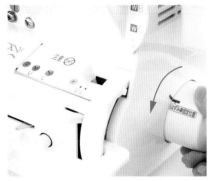

1 押え金が上がっているのを確認して、「はずみ車固定位置」の指針とミシン本体の指針を合わせる。

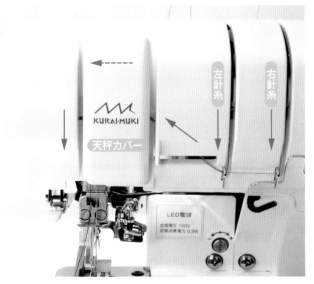

2 右針糸と左針糸をそれぞれ、アンテナに通し、ワンタッチ糸案内に糸をかけ、溝に糸を入れて下まで下げてツメにかける。次に天秤カバー、針糸案内に糸をかける。

5. 針糸を通す（自動針糸通しの使い方）

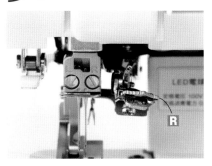

1 右針から通す。左右切換スイッチを **R**(右)の方にする。

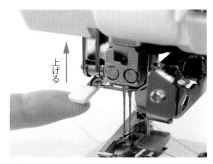

4 針糸通しレバーを押し上げる。

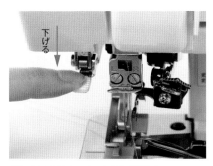

2 針糸通しレバーを押し下げる。

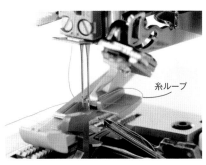

5 針に糸が通り、糸ループができる。糸ループを向こう側に引いて、完全に糸を通す。

3 右針糸を糸通しガイドに差し込んで、指を離す。

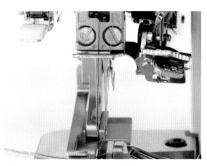

6 左右切換スイッチを **L**(左)の方にする。左針も同様にして、糸を通す。

6. 固定の解除

1 糸かけが終わったら、解除レバーを右にスライドさせて、「はずみ車固定」を外す。

2 4本の糸を左側に引き出して、10cm位の長さで切っておく。

3 押え上げレバーを下げて、押え金を下げる。

4 はずみ車を数回、手前に回して空環ができるのを確認する。これで縫える状態になる。

25

縫い目の設定

ここでは「クライ・ムキwaveロックミシン」の各ツマミ・レバー・ダイヤルの設定や使い方を紹介します。差動レバーの設定は19ページと同様です。（手動糸調子ロックミシンの設定はp.16・17参照）

ミシンのセットアップの表組

縫い始める前には必ず、縫い目を設定します。この本では解りやすいように、ミシンのセットアップを表組で表しています。詳しい早見表の見方は2ページにあります。

自動糸調子ロックミシン

2本針4本糸ロック

左	右	上	下

オーバーロック	O
縫い目切換	A
かがり幅	M
送り目	普2.5
差動	N
メス	固定

標準押え

手動糸調子ロックミシン

2本針4本糸ロック

左	右	上	下
4	4	4	4

送り目	普2.5
かがり幅	M
差動	N
メス	固定

標準押え

かがり幅とは

針糸（2本針の場合は左針糸）から布端までの幅のことです。厚地やほつれやすい布は**大**で、薄地は小に合わせます。通常はMに合わせておきます。

かがり幅

オーバー／ウエーブ切換ツマミ

通常はオーバーロック「O」に合わせて使います。ウエーブロックをかける場合「W」に合わせます。

オーバーロック

2本針4本糸ロック
1本針3本糸ロック
1本針2本糸ロック
標準巻きロック
変形巻きロック

ウェーブロック

ウエーブロック
巻きウエーブロック

かがり幅ダイヤル

かがり幅を調節するためのダイヤルです。

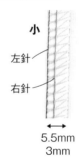  

小に合わせると左針からは5.5mm、右針からは3mmの幅になる。

Mに合わせると左針からは6.5mm、右針からは4mmの幅になる。

大に合わせると左針からは7.5mm、右針からは5mmの幅になる。

小	M	大
左針 右針		
5.5mm 3mm	6.5mm 4mm	7.5mm 5mm

※送り目は2.5mmで共通です。

縫い目切換レバー

5種類のオーバーロックと2種類のウエーブロックをレバーの切換えで簡単に選択できます。

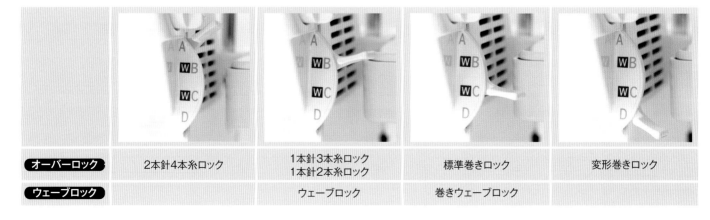

オーバーロック	2本針4本糸ロック	1本針3本糸ロック 1本針2本糸ロック	標準巻きロック	変形巻きロック
ウェーブロック		ウェーブロック	巻きウェーブロック	

送り目とは

縫い目の粗さのことです。送り目ダイヤルの数字が小さくなるほど細かくなります。厚地の場合は粗く、薄地の場合は細かくします。普通ロックと巻きロックに分かれています。

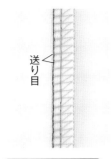
送り目

送り目ダイヤル

普通ロックダイヤル	巻きロックダイヤル

普通ロックと巻きロックに分かれていて、それぞれ0.75〜4mmまでの調節ができる。ダイヤル1の近くの指針に合わせると、0.75mmで縫える。通常はダイヤル2と3の間の2.5mmに合わせることが多い。

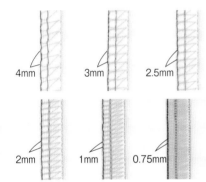
4mm　3mm　2.5mm
2mm　1mm　0.75mm

※かがり幅はM（6.5mm）で共通です。

メスとは

ロックミシンの特徴の1つは、メスが針と連動して上下に動いて、布を切りながら縫うことです。

メス固定ツマミ

メスを使わないときに使用するツマミです。

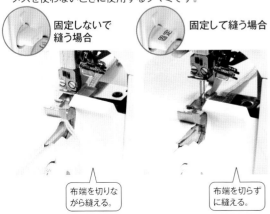
固定しないで縫う場合
固定して縫う場合
布端を切りながら縫える。
布端を切らずに縫える。

★ミシンによっては固定ツマミをLOCKと表示してあります。

糸調子の調整

手動糸調子ロックミシンでは詳細な設定が可能です。糸調子が良くない場合は、ダイヤルを回して調整をして、本縫いの前に必ず試し縫いをしましょう。「クライ・ムキwaveロックミシン」は自動糸調子ロックミシンです。

糸調子ダイヤル

左針糸　右針糸　上ルーパー糸　下ルーパー糸

ダイヤルの数字は大きいほど糸調子が強くなり、小さいほど弱くなります。それぞれの糸の色は上の写真のダイヤルと同じです。

○ 2本針4本糸のバランスのとれたきれいな縫い目

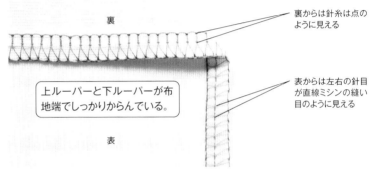
裏
表
裏からは針糸は点のように見える
表からは左右の針目が直線ミシンの縫い目のように見える
上ルーパーと下ルーパーが布地端でしっかりからんでいる。

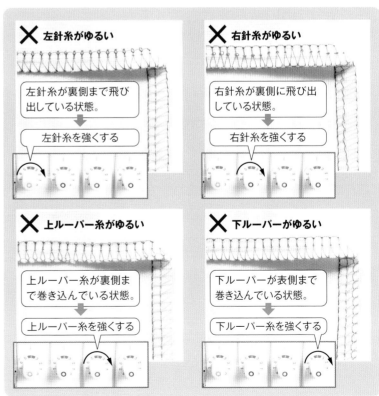

✕ 左針糸がゆるい
左針糸が裏側まで飛び出している状態。
↓
左針糸を強くする

✕ 右針糸がゆるい
右針糸が裏側に飛び出している状態。
↓
右針糸を強くする

✕ 上ルーパー糸がゆるい
上ルーパー糸が裏側まで巻き込んでいる状態。
↓
上ルーパー糸を強くする

✕ 下ルーパーがゆるい
下ルーパーが表側まで巻き込んでいる状態。
↓
下ルーパー糸を強くする

糸の換え方

ウーリー糸や飾り糸に換える場合は始めからかけ直さず、
途中で切って新しい糸を結んでつなぎます。
エアスルーシステム(自動エア糸通し)が使えるのは30番の糸までです。

上ルーパー糸をウーリー糸に換える場合

1 糸を換える前には押え金を上げて、「はずみ車の固定」(P.20参照)をする。

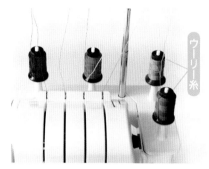

4 糸置き台にウーリー糸ををセットする。

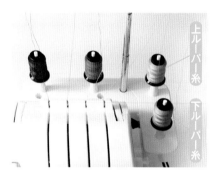

2 上下のルーパー糸を同時に交換する。

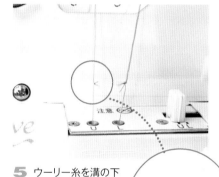
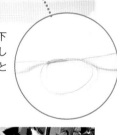

5 ウーリー糸を溝の下ツメまでかける。糸通し穴から出ている元の糸とウーリー糸を結ぶ。

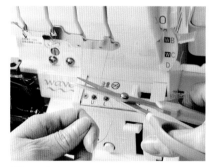

3 右交換する2本の糸を少し引っぱって、糸通し穴の少し上でハサミで切る。糸置き台から上下ルーパー糸をはずす。

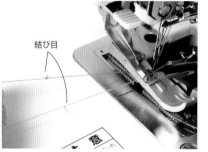

結び目

6 結び目が上下ルーパーの先からで出てくるまで、元の糸をゆっくりと引っぱる。
結び目が10cm位出たら、カットして「はずみ車の固定」を解除する。

太い糸の換え方

ルーパーの糸通し穴に入らない
太い糸や毛糸や パラパラに
なってしまう糸の換え方です。

表

上ルーパー糸

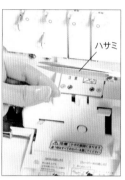

ハサミ

1 上ルーパー糸を糸通し穴の上でカットしておく。

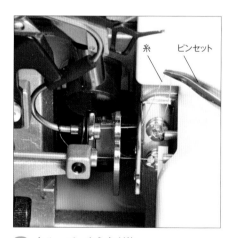

糸　ピンセット

2 上ルーパーから糸が抜けないように、ピンセットでガイドパイプ横の右側の糸を引き出す。上ルーパー糸を糸置き台からはずす。

押え金の換え方

1 押え上げレバーを上げる。押え金取り外しフックを押す。

押え金のピン　　標準押え

2 押え金がはずれる。

押えホルダー　　溝

3 押え金を取り除いたところ。

下げる

バルキー押え

4 押えホルダーの溝の下に押え金のピンがくるように使用する押え金（バルキー押え）を配置する。押え上げレバーを下げると、押え金がセットされる。

針の換え方

1 付属のドライバーで針止めネジをゆるめ、針を外す。押え金を下げておくと操作しやすい。

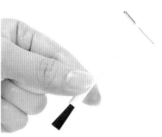

2 交換用の針を掃除用ブラシの柄にある穴に入れる。針の平らな面を後ろに向ける。

3 針を写真のように挿入し、確認窓に針の頭が出ていることを確認したら必ずネジを締める。締め忘れると、ミシンの振動でネジがゆるみ、外れて飛んでしまうので注意。

point

針は消耗品なので、こまめに交換しましょう。曲がっていないように見えても、曲がっていることもあります。縫い目が乱れたら針交換のサインです。

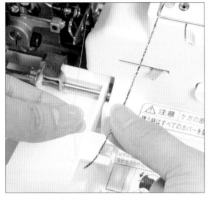

3 かけ換える太い糸を糸置き台にセットし、溝を通して、ツメにかけておく。この糸と、2で残った糸を結ぶ。

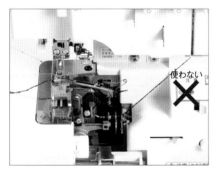

使わない ✕

4 上ルーパーから出ていた糸を、新しい糸が出てくるまでゆっくり引き出す。この場合は糸通し穴に糸は通さない。

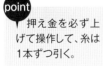

point 押え金を必ず上げて操作して、糸は1本ずつ引く。

太い糸やバラバラになるラメ糸など

試し縫いをしましょう

糸をかけ終えたら必ず試し縫いをします。
糸調子など微妙なくせがあるので、
縫い目をよく見て調子を整えましょう。
本番と同じ布を使うのが基本です。

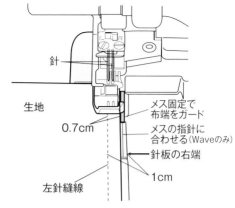

針
生地
メス固定で
布端をガード
0.7cm
メスの指針に
合わせる（Waveのみ）
針板の右端
左針縫線
1cm

2本針4本糸ロック

左	右	上	下
●	●	●	●

オーバーロック	O
縫い目切換	A
かがり幅	M
送り目	普2.5
差動	N
メス	固定
標準押え	

2本針4本糸ロック

左	右	上	下
4	4	4	4

送り目	普2.5
かがり幅	M
差動	N
メス	固定
標準押え	

1 ミシンをセットアップする。

2 押え金を下げた状態ではずみ車を2～3回手で回してからフットコントローラーを軽く踏む。

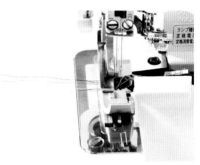

空環

3 4本の糸が絡まったものができる。これを「空環（からかん）」と呼ぶ。10cmくらい出しておく。

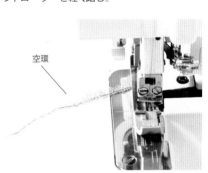

4 押え金の手前を指で持ち上げ、布を挟む。布端は切らず、メスの指針またはメスの左端に合わせる。

5 そのままコントローラーを踏むと、布は自然に送られていく。

6 縫い終えた後もコントローラーを踏み続け、空環を10～20cm出す。ミシンを止めて糸を切る。ミシンの糸切り機能を使ってもよい。

point 糸の色選び

縫い合わせのとき、左針の糸を布と同色にすると表からきれいに見える。

point

本書の作り方はメス固定で縫っています。

●手動糸調子ロックミシンの場合

縫い合わせはこの縫い目を目指す!

○

×

縫い合わせた部分を表から軽く引っぱったときに、針糸が見えないなら合格点。下の写真のように左針糸（赤）が見える場合は、左針糸の調子を強くしましょう。

縫い始めと縫い終わり

ロックミシンには
返し縫いの機能がありません。
縫い始めと縫い終わりは空環を
結んで始末します。

縫い方

1 空環を10cmほど出しておき、縫い始めは押え金を下げたまま、先端を指で押し上げて布を挟む。メスは固定する。

左針線　　縫い代 0.7cm

2 生地端がメスに沿うように軽く手を添えて縫い進む。

3 縫い終わりは空縫いをして、空環を10cmくらい出してからカットする。

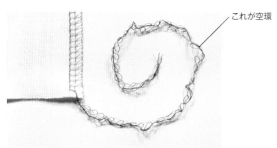

これが空環

糸始末の方法

●残った糸を結んでカットする方法…製作途中によく使う方法

1 空環をしごいて細くする。

2 輪を作ってくぐらせ、布のきわで結ぶ。

3 余分な糸をカットする。

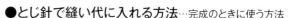

●とじ針で縫い代に入れる方法…完成のときに使う方法

1 縫い終えた状態。

裏

2 とじ針の穴に空環の糸を通す。縫い目の中に2〜3cm通す。

3 余分な糸をカットする。

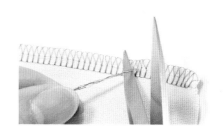

印つけをする（合印）

正確に縫い合わせるには、印つけが大事です。

ノッチ

裁断をしたパーツの前後中心や合印の縫い代端に「ノッチ」(小さな切り込み)を入れる。

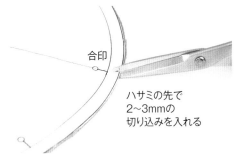

合印

ハサミの先で2〜3mmの切り込みを入れる

●型紙を外したところ

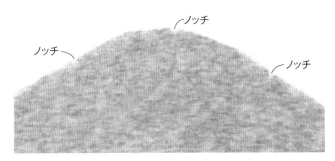

ノッチ

ノッチ

ノッチ

逆ノッチ

裁断をしながらパーツの前後中心や合印の縫い代端に小さな三角のツノを作る。

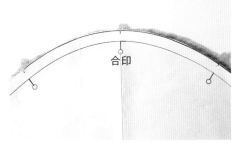

合印

●型紙を外したところ

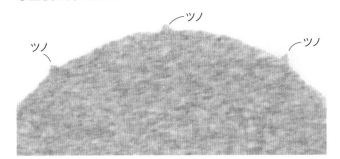

ツノ

ツノ

ツノ

ほつれやすい布や切り込みが見えない布につける印。ツノは縫いながらカットする。

消せるカラーペン (フリクションサインペン) で印をつける

1 ノッチが入れられないところは消せるカラーペンで印をつける。

2 低温(80〜120℃)のアイロンをかけると、印が無色になる。水溶性なので水や洗濯で印はきれいに落ちる。

縫い合わせる 2枚の布をとめる

布用のりで貼る

布用ペンタイプのり(仮止め用)

1 ズレやすい縫い始めやクリップでとめにくい箇所は、布端に布用のりをつけて貼り合わせる。

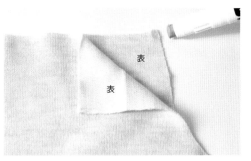

表

表

2 2枚一緒に縫い合わせる。

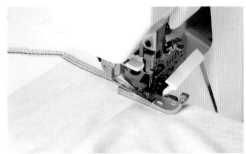

縫い合わせる
2枚の布をとめる

クリップでとめる

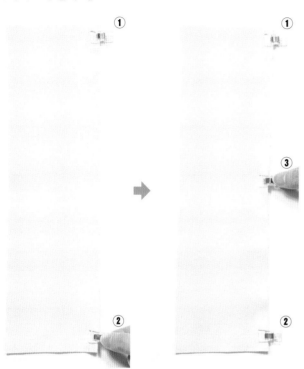

① ② ③

2枚を縫い合わせるときは、布地がズレないようにクリップでとめる。クリップは最初と最後の端にとめて、真ん中を後からとめるとズレない。縫い合わせが長いものは、さらにその間をクリップでとめる。

① ④ ③ ⑤ ②

point
まち針だとズレたり、抜けたりすることがあるので、クリップの方が安全で便利です。

失敗した場合の
ほどき方

1 布の端で縫い始めと縫い終わりの空環をカットする。

2 表に見える2本の針糸だけをほどきたい寸法の位置でカットする。

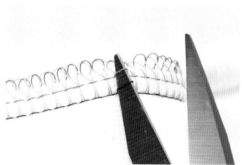

3 カットした中間の針糸を目打ちで2本同時に引く。または1本ずつ引いて、ていねいに針糸を抜く。

4 かがり糸が簡単にほどける。針糸を取り去った部分の上下のルーパー糸がパラパラとほどける。

33

角の縫い方

角やカーブなどを縫うときは、ちょっとしたコツを押えればきれいに縫うことができます。
布地を操作するときは、必ず針が上がっている状態で行います。
布に針がささったままだと、針が曲がったり、折れたりします。

外角

●縫い方ポイント

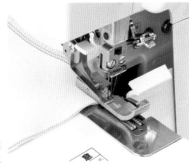

1 一辺を最後まで縫い進み、針、押え金の順番に上に上げる。布地を真後ろに引いてツメから外し、布地を針位置で90度左に回転させる。針を上げるときは、必ずはずみ車を手前に回す。

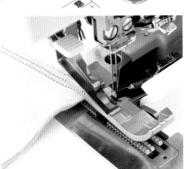

2 4本の糸を軽く引いて、たるみをなくす。

糸がたるんだまま縫ってしまうと角にループ状の糸が出てしまうので注意!

3 糸のたるみがないことが確認できたら、押え金を下げて角から縫い進める。

内角

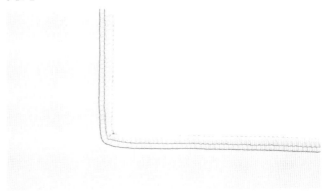

●縫い方ポイント

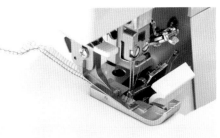

1 内角の手前まで縫い進む。内角部分に2〜3mmの切り込みを入れて縫う。

切り込みを入れる　ハサミ

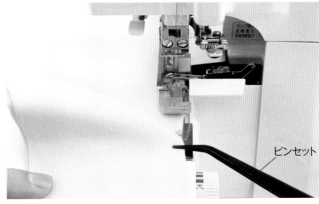

ピンセット

2 内角が逃げないようにピンセットで角を挟み、生地をまっすぐになるように置き、縫い進める。

カーブの縫い方

内カーブ（袖ぐりや衿ぐりなど）

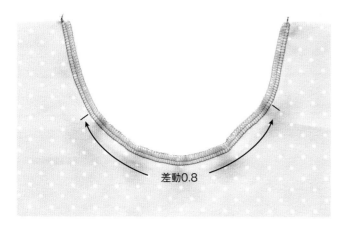

差動0.8

● 縫い方ポイント

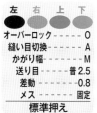

2本針4本糸ロック

左	右	上	下	
オーバーロック				0
縫い目切換				A
かがり幅				M
送り目				普2.5
差動				0.8
メス				固定
標準押え				

2本針4本糸ロック

左	右	上	下
4	4	4	4
送り目	普2.5		
かがり幅	M		
差動	0.8		
メス	固定		
標準押え			

1 カーブ部分のミシンのセットアップ。

2 押え金の手前の布がまっすぐになるよう、ピンセットで布端をはさみ、少しずつ縫う。

まっすぐになるように

外カーブ（袖山やフレアスカートの裾、ポケットの丸みなど）

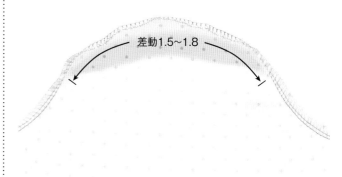

差動1.5～1.8

● 縫い方ポイント

2本針4本糸ロック

左	右	上	下
オーバーロック			0
縫い目切換			A
かがり幅			M
送り目			普2.5
差動			1.5～1.8
メス			固定
標準押え			

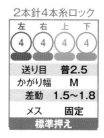

2本針4本糸ロック

左	右	上	下
4	4	4	4
送り目	普2.5		
かがり幅	M		
差動	1.5～1.8		
メス	固定		
標準押え			

1 カーブ部分のミシンのセットアップ。

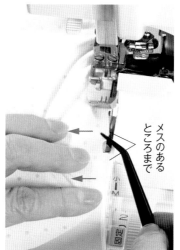

2 差動を1.5～1.8の「縮み縫い」にセット。針落ち位置からメスまでの間が直線になるように、布端を左手で引き寄せながら縫う。端がずれないようにピンセットで補助する。カーブがきついときは押え金を持ち上げ、向きを変える。

メスのあるところまで

● ポケットの外まわりも差動をつけて縮み縫いにする

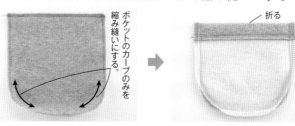

ポケットのカーブのみを縮み縫いにする。

折る

1本針3本糸ロック

右針または左針を取り外し、1本針3本の糸で縫うことができます。
右針は幅が細いので、端の始末や縁かがり、
飾り縫いなどによく使います。

普通ロック

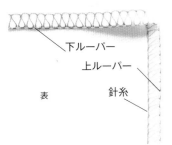

下ルーパー
上ルーパー
表
針糸

1本針3本糸ロック			
左	右	上	下
✕	4	4	4

送り目	普2.5
かがり幅	M
差動	N
メス	使用
標準押え	

ふはく
布帛の縫い代の始末

糸のかけ方A（手動糸調子ロックミシンの場合）

1 右針または左針の「針止めネジ」を
ゆるめて針を1本はずす。

【通常は右針を使用する】
註 針を取りはずした後、必ず止めネジは
しめ直しておいてください。
また、使わない糸も取り除いてください。

2 糸を3本かける。

右針糸　下ルーパー糸　上ルーパー糸

3 かがり幅ダイヤル
を合わせる。

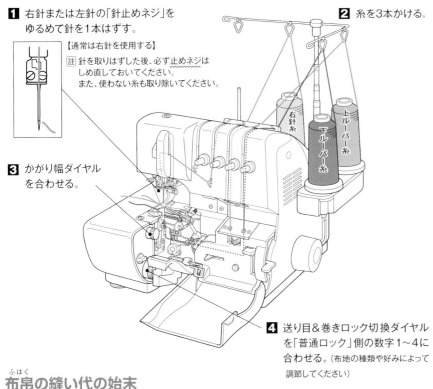

4 送り目＆巻きロック切換ダイヤル
を「普通ロック」側の数字1〜4に
合わせる。（布地の種類や好みによって
調節してください）

ふはく
布帛の縫い代の始末

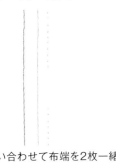

ミシンで縫い合わせて布端を2枚一緒に
始末

始めに縁かがりをしてからミシンで縫い、
縫い代を割った始末

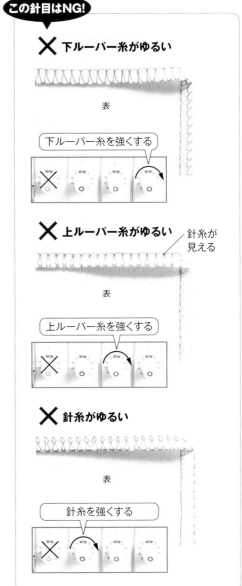

この針目はNG!

✕ **下ルーパー糸がゆるい**

表

下ルーパー糸を強くする

✕ **上ルーパー糸がゆるい**

針糸が
見える

表

上ルーパー糸を強くする

✕ **針糸がゆるい**

表

針糸を強くする

point

縁かがりの基本
送り目とかがり幅を布地の
厚さに合わせて設定する。
●厚地…粗めで大
●普通地…2.5でM
●薄地…細かめで小

糸のかけ方B（自動糸調子ロックミシンの場合）

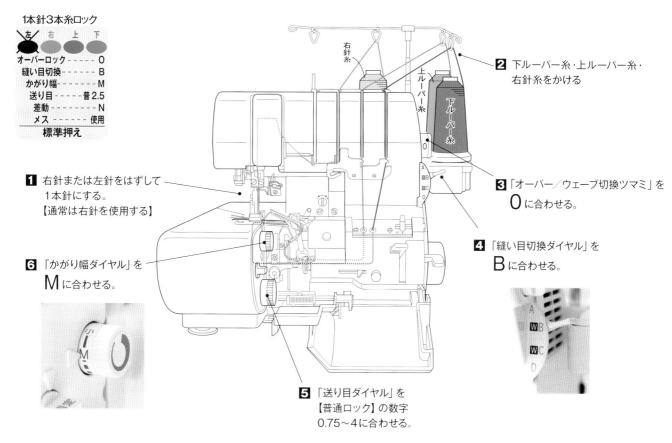

1本針3本糸ロック			
左	右	上	下
オーバーロック			O
縫い目切換			B
かがり幅			M
送り目			普2.5
差動			N
メス			使用
標準押え			

1 右針または左針をはずして
1本針にする。
【通常は右針を使用する】

6 「かがり幅ダイヤル」を
Mに合わせる。

2 下ルーパー糸・上ルーパー糸・
右針糸をかける

3 「オーバー／ウェーブ切換ツマミ」を
Oに合わせる。

4 「縫い目切換ダイヤル」を
Bに合わせる。

5 「送り目ダイヤル」を
【普通ロック】の数字
0.75～4に合わせる。

まつり縫い

まつり縫いも糸をウーリー糸や飾り糸を使うと開き縫いになります。

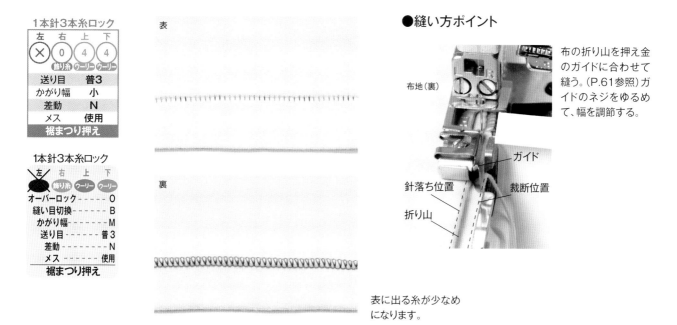

1本針3本糸ロック			
左	右	上	下
✕	0	4	4
飾り糸		ウーリー	ウーリー
送り目	普3		
かがり幅	小		
差動	N		
メス	使用		
裾まつり押え			

1本針3本糸ロック			
左	右	上	下
	飾り糸	ウーリー	ウーリー
オーバーロック			O
縫い目切換			B
かがり幅			M
送り目			普3
差動			N
メス			使用
裾まつり押え			

表

裏

●縫い方ポイント

布の折り山を押え金
のガイドに合わせて
縫う。（P.61参照）ガ
イドのネジをゆるめ
て、幅を調節する。

布地（裏）

ガイド

針落ち位置

裁断位置

折り山

表に出る糸が少なめ
になります。

標準巻きロック(細ロック・平巻きロック)

巻きロックは、布端をひと折りしながら細くかがる縫い方で、巻き縫いといいます。
標準巻きロックと変形巻きロックの2種類があります。

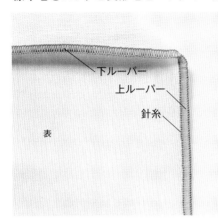

下ルーパー

上ルーパー

針糸

表

布帛によく使います。布の端だけ2㎜裏側に折り、普通ロックと同じ形状で縫います。糸調子はそのままにして、送り目ダイヤルを「巻きロック」に変えます。

標準巻きロック

左	右	上	下
✕	4	4	4

送り目	巻1
かがり幅	M
差動	N
メス	使用

標準押え

●巻きロックの仕組み

3本のツメ

通常ツメは3本。

ツメが2本になる

送り目ダイヤルを巻きロック側の数字にすると右側のツメが隠れてツメが2本になるので、細い幅で縫える。

糸のかけ方A(手動糸調子ロックミシンの場合)

1 左針の「針止めネジ」をゆるめて針を1本はずす。

註 左針を取りはずした後、必ず止めネジはしめ直しておいてください。
また、使わない糸も取り除いてください。

2 糸を3本かける

3 かがり幅ダイヤルをMに合わせる。
【Mは標準値です。布地の種類や好みによって調節してください】

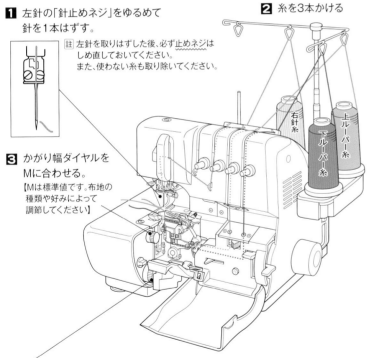

右針糸

下ルーパー糸

上ルーパー糸

4 送り目&巻きロックダイヤルを「巻きロック」側の数字1に合わせる。
(布地の種類や好みによって調節してください)

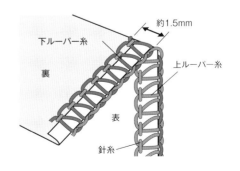

約1.5mm

下ルーパー糸

裏

表

上ルーパー糸

針糸

糸のかけ方B（自動糸調子ロックミシンの場合）

標準巻きロック			
左	右	上	下
オーバーロック			O
縫い目切換			C
かがり幅			M
送り目			巻1
差動			N
メス			使用
標準押え			

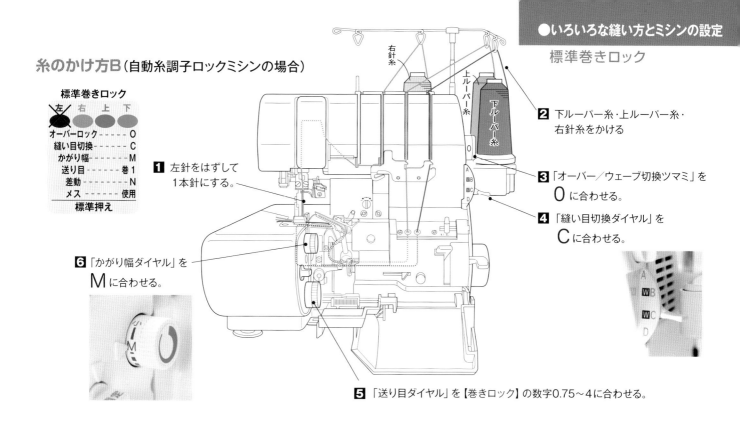

1 左針をはずして
1本針にする。

2 下ルーパー糸・上ルーパー糸・
右針糸をかける

3 「オーバー／ウェーブ切換ツマミ」を
O に合わせる。

4 「縫い目切換ダイヤル」を
C に合わせる。

6 「かがり幅ダイヤル」を
M に合わせる。

5 「送り目ダイヤル」を【巻きロック】の数字0.75～4に合わせる。

ピンタック縫い

細い巻きロックを使うので、縫い目がピンタックのように見えます。
押え金の幅を利用して一定幅に縫えます。

標準巻きロック			
左	右	上	下
オーバーロック			O
縫い目切換			C
かがり幅			小
送り目			巻1
差動			N
メス			固定
標準押え			

標準巻きロック			
左	右	上	下
⊗	4	4	4
送り目	巻1		
かがり幅	小		
差動	N		
メス	固定		
標準押え			

●縫い方ポイント

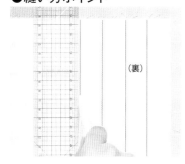

（裏）

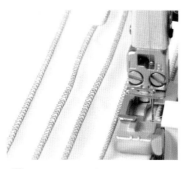

1 粗裁ちした布地の裏から
ヘラで印をつける。押え金幅に
収まるように、ここでは2.5cm間
隔に印をつけている。

2 ヘラでつけた印を表から折
り、巻きロックで縫う。押え金の
幅が印の間隔になって、どんど
ん縫える。ただし、押え金の幅よ
り細いものは縫いにくい。

透ける布地の場合

標準巻きロック			
左	右	上	下
オーバーロック			O
縫い目切換			C
かがり幅			小
送り目			巻2
差動			N
メス			使用
標準押え			

標準巻きロック			
左	右	上	下
⊗	4	4	4
送り目	巻2		
かがり幅	小		
差動	N		
メス	使用		
標準押え			

シフォン

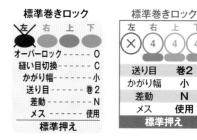

やわらかく透ける布地の場合、
あまり目をつまらせず、細い糸で
軽く仕上げます。

変形巻きロック
(全巻きロック)

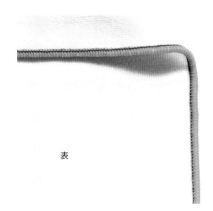

表

ニット地によく使います。上ルーパー糸だけをぐるりと巻く縫い方です。

変形巻きロック

左	右	上	下
✕	4	4	7
		ウーリー	

送り目	巻1
かがり幅	M
差動	N
メス	使用
標準押え	

変形巻きロックは上ルーパー糸にウーリー糸を使うと、仕上がりがきれい。

1 針糸、上ルーパー糸、下ルーパー糸の3本をセットする。

2 空環を4〜5cm出す。

3 布端がメス位置より右に出るようにして縫い進む。

糸のかけ方A（手動糸調子ロックミシンの場合）

1 左針の「針止めネジ」をゆるめて針を1本はずす。

> 註 左針を取りはずした後、必ず止めネジはしめ直しておいてください。
> また、使わない糸も取り除いてください。

2 糸を3本かける

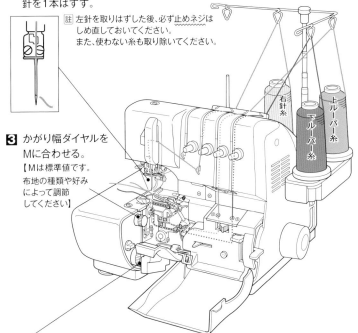

右針糸
下ルーパー糸
上ルーパー糸

3 かがり幅ダイヤルをMに合わせる。
【Mは標準値です。布地の種類や好みによって調節してください】

4 送り目＆巻きロックダイヤルを「巻きロック」側の数字1に合わせる。
（布地の種類や好みによって調節してください）

変形巻きロックの糸調子ダイヤルの設定

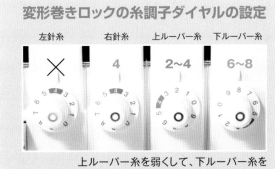

左針糸	右針糸	上ルーパー糸	下ルーパー糸
✕	4	2〜4	6〜8

上ルーパー糸を弱くして、下ルーパー糸を強くします。上ルーパー糸を4よりゆるめると、ぷっくりした太い縫い目になります。巻きロックをより太くしたいときには3にします。

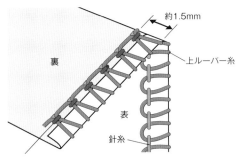

約1.5mm
上ルーパー糸
裏
表
針糸
下ルーパー糸

糸のかけ方B（自動糸調子ロックミシンの場合）

変形巻きロック

左	右	上	下
⬤	⬤	ウーリー	⬤

オーバーロック ----- O
縫い目切換 ------- D
かがり幅 -------- M
送り目 ------ 巻1
差動 --------- N
メス ------ 使用
標準押え

1 左針をはずして1本針にする。

6 「かがり幅ダイヤル」を M に合わせる。

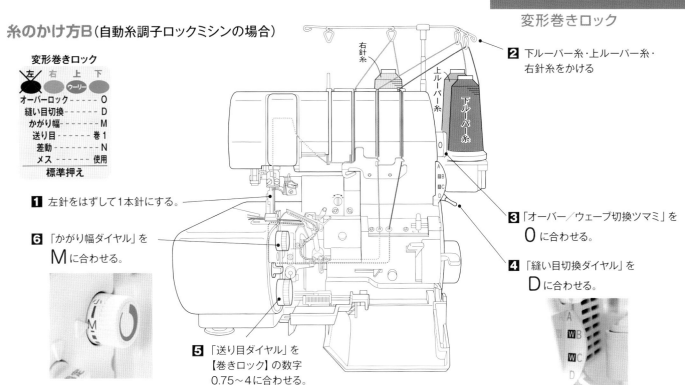

右針糸

上ルーパー糸

下ルーパー糸

変形巻きロック

2 下ルーパー糸・上ルーパー糸・右針糸をかける

3 「オーバー／ウェーブ切換ツマミ」を O に合わせる。

4 「縫い目切換ダイヤル」を D に合わせる。

5 「送り目ダイヤル」を【巻きロック】の数字 0.75～4に合わせる。

レタス縫い

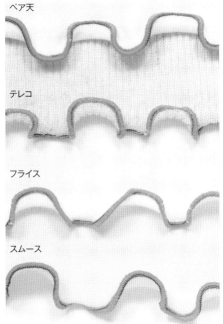

ベア天

テレコ

フライス

スムース

変形巻きロック

左	右	上	下
⬤	⬤	ウーリー	⬤

オーバーロック ----- O
縫い目切換 ------- D
かがり幅 -------- M
送り目 ---- 巻0.75
差動 --------- N
メス ------ 両方
標準押え

変形巻きロック

左	右	上	下
✕	4	2	7.5
		ウーリー	

送り目	巻0.75
かがり幅	M
差動	N
メス	両方
標準押え	

縫い端はメス使用、
ピンタック部分はメス固定で縫う。

●縫い方ポイント

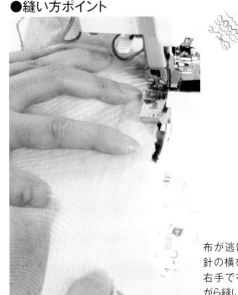

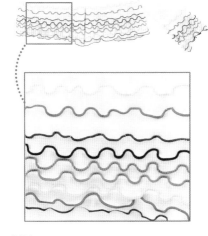

レタス縫いはよく伸びる布地を使います。ベア天、テレコなど裁ち幅が伸びる布地が適しています。布帛の場合はバイアス地で使用します。送り目を小さくし、布を引っぱりながら縫います。

布が逃げないように
針の横を左手で押え、
右手で布を伸ばしな
がら縫います。

1本針2本糸ロック

通常は布帛(ふはく)の縁かがりに使います。糸が一番節約できる縫い目です。
下ルーパー糸をウーリー糸にすると
細い縫い合わせや開き縫いがきれいにできます。

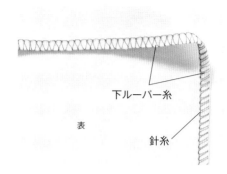

表
下ルーパー糸
針糸

1本針2本糸ロック
交換ルーパー

左	右	上	下
✕	4	✕	4

送り目	普1〜3
かがり幅	M
差動	N
メス	固定
標準押え	

糸のかけ方A（手動糸調子ロックミシンの場合）

1 右針または左針の「針止めネジ」を
ゆるめて針を1本はずす。

註 針を取りはずした後、必ず止めネジは
しめ直しておいてください。
また、使わない糸も取り除いてください。

2 糸を2本かける

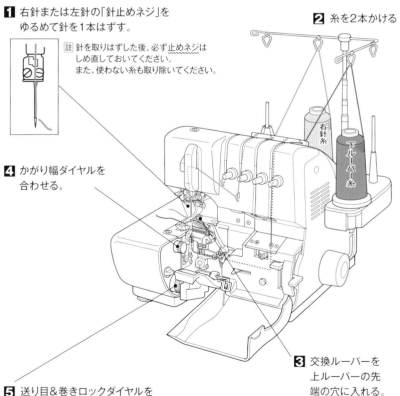

右針糸
下ルーパー糸

4 かがり幅ダイヤルを
合わせる。

5 送り目＆巻きロックダイヤルを
「普通ロック」側の数字1〜4に
合わせる。（生地の種類や好みによって調節してください）

point
1本針2本糸ロックをかけ終わったら、
交換ルーパは必ず、元の位置に戻してください。

3 交換ルーパーを
上ルーパーの先
端の穴に入れる。

【重要】
交換ルーパー
上ルーパー

●交換ルーパーの設定

下ルーパーだけを使うときに
上ルーパーの穴をふさぐために使う。

交換ルーパー
上ルーパー

もともとの状態。

1 交換ルーパーを指で押し上げる。

2 パチンと音がするまで上ルーパーに
押し込む。

開き縫いで作ったボトルネックのTシャツ
【作り方▶P.44】

糸のかけ方B（自動糸調子ロックミシンの場合）

1本針2本糸ロック
交換ルーパー

左	右	上	下
✕			
オーバーロック		-----	0
縫い目切換		-----	B
かがり幅		-----	M
送り目	普1~3		
差動		-----	N
メス		-----	固定
標準押え			

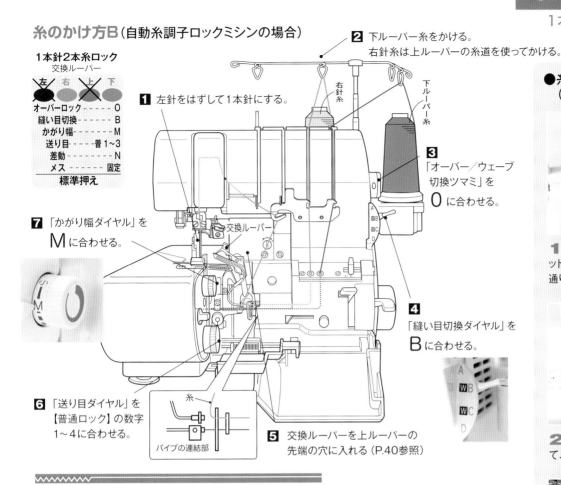

1 左針をはずして1本針にする。

2 下ルーパー糸をかける。
右針糸は上ルーパーの糸道を使ってかける。

3 「オーバー／ウェーブ切換ツマミ」を **0** に合わせる。

4 「縫い目切換ダイヤル」を **B** に合わせる。

5 交換ルーパーを上ルーパーの先端の穴に入れる（P.40参照）

6 「送り目ダイヤル」を【普通ロック】の数字1~4に合わせる。

7 「かがり幅ダイヤル」を **M** に合わせる。

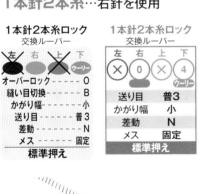

●糸のかけ方に特徴がある（waveのみ）

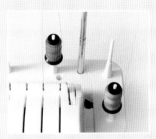

1 下ルーパー糸・右針糸をセットする。下ルーパー糸は通常通りに糸をかける。（P.23参照）

2 右針糸はエアスルーを使って、上ルーパーから糸を出す。

3 解除レバーを右にスライドさせる。上ルーパーに通した糸をガイドパイプの間から、ピンセットを使って抜き取る。

4 抜き取った糸を針糸として、右針に通す。この後、「交換ルーパーの設定」(P.42参照)をする。

開き縫い（標準押え）

1本針2本糸…右針を使用

1本針2本糸ロック
交換ルーパー

左	右	上	下
✕		✕	ウーリー
オーバーロック		-----	0
縫い目切換		-----	B
かがり幅		-----	小
送り目		-----	普3
差動		-----	N
メス		-----	固定
標準押え			

1本針2本糸ロック
交換ルーパー

左	右	上	下
✕	0	✕	4
			ウーリー
送り目	普3		
かがり幅	小		
差動	N		
メス	固定		
標準押え			

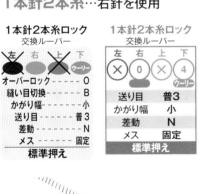

右針を使って狭く縫う縫い方です。
縫い合わせや裾始末に使用します。

1本針2本糸（ワイド）…左針を使用

表

裏

左針を使って幅広く縫います。

1本針2本糸ロック
交換ルーパー

左	右	上	下
	✕	✕	
オーバーロック		-----	0
縫い目切換		-----	B
かがり幅		-----	M~大
送り目		-----	普3
差動		-----	N
メス		-----	固定
標準押え			

1本針2本糸ロック
交換ルーパー

左	右	上	下
0	✕	✕	4
			ウーリー
送り目	普3		
かがり幅	M~大		
差動	N		
メス	固定		
標準押え			

開き縫い(裾まつり押え)

針糸と下ルーパー糸にウーリー糸や太い飾り糸を使用して縫います。ハシゴのようなストレートステッチが表から見えます。ゆるめた針糸が表に出るので段染めの糸や刺しゅう糸を使用すると目立ちます。

1本針2本糸…右針・裾まつり押えを使用

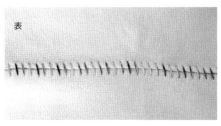

表

裏

1本針2本糸ロック
交換ルーパー

左	右	上	下
飾り糸			ウーリー
オーバーロック			0
縫い目切換			B
かがり幅			小〜大
送り目			普2.5〜4
差動			N
メス			使用
裾まつり押え			

1本針2本糸ロック
交換ルーパー

左	右	上	下
×	0	×	4
飾り糸			ウーリー
送り目	普2.5〜4		
かがり幅	小〜大		
差動	N		
メス	使用		
裾まつり押え			

ミロプリズム段染め糸

＊製図は91ページにあります。

衿・袖口・裾を開き縫いで縫う

1 アイロンで出来上がりに折る。初心者は布端から0.5㎝のところに両面接着テープを貼ると簡単!

裏

両面接着テープ

0.5

裏

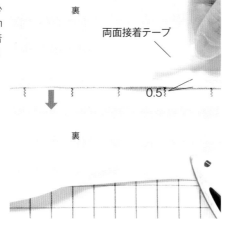

2 1で折った折り目を屏風のように折り上げる。

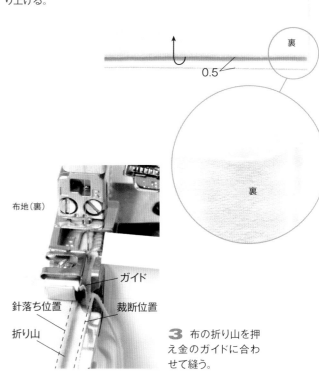

裏

0.5

裏

布地(裏)

ガイド

針落ち位置　裁断位置

折り山

3 布の折り山を押え金のガイドに合わせて縫う。

4 衿・袖口・裾を1〜3の様に屏風に折って、裏側から縫う。一周縫ったら、縫い目を重ねないで空環を作って糸を切る。縫い始めと縫い終わりの空環を結んで、糸を切る。

5 表に返して、縫い目を左右に広げる。

表

ブランケット縫い

1本針2本糸ロックの応用です。開き縫いのテクニックを使うと、ブランケットステッチができます。

細…右針を使用

太…左針を使用

針の位置を変えると、ステッチの幅を変更できます。極細毛糸や飾り糸を使います。

1本針2本糸ロック 交換ルーバー			
左	右	上	下
オーバーロック			0
縫い目切換			B
かがり幅			大
送り目			普3~4
差動			N
メス			固定
標準押え			

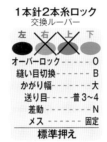

1本針2本糸ロック 交換ルーバー			
左	右	上	下
×	0	×	4
送り目	普4		
かがり幅	大		
差動	N		
メス	固定		
標準押え			

1本針2本糸ロック 交換ルーバー			
左	右	上	下
オーバーロック			0
縫い目切換			B
かがり幅			大
送り目			普3~4
差動			N
メス			固定
標準押え			

1本針2本糸ロック 交換ルーバー			
左	右	上	下
0	×	×	4
送り目	普4		
かがり幅	大		
差動	N		
メス	固定		
標準押え			

ポケットのまわりにブランケットステッチをする

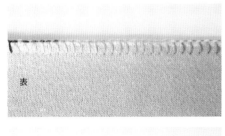

表

裏

1本針2本糸ロック 交換ルーバー			
左	右	上	下
飾り糸	×	×	飾り糸
オーバーロック			0
縫い目切換			B
かがり幅			大
送り目			普4
差動			N
メス			固定
標準押え			

1本針2本糸ロック 交換ルーバー			
左	右	上	下
0	×	×	4
飾り糸			飾り糸
送り目	普4		
かがり幅	大		
差動	N		
メス	固定		
標準押え			

●縫い方ポイント

1 PP(ポリプロピレン)の袋や、ラッピングフィルムなどを切った物を布地の上に重ねて、クリップでとめる。

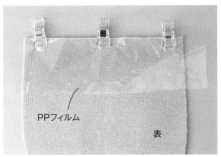

PPフィルム

表

2 メスを固定して、1本針2本糸ロックでポケット口を縫う。

表

3 ポケットの入れ口が縫い終わったところ。

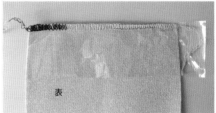

表

4 PP(ポリプロピレン)のフィルムを外側にめくって、破り取る。左の針糸が右側に寄って、ブランケットステッチになる。

表

5 ポケットのまわりも同様にブランケットステッチで縫う。

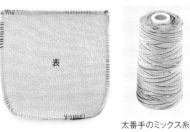

表

太番手のミックス糸

肩の縫い方

ニット地は伸縮性があります。洋服は肩で着るものなので、
どうしても肩の縫い目が伸びてしまうと型崩れして
きれいに着こなせません。必ず伸び止めをして補強しましょう。

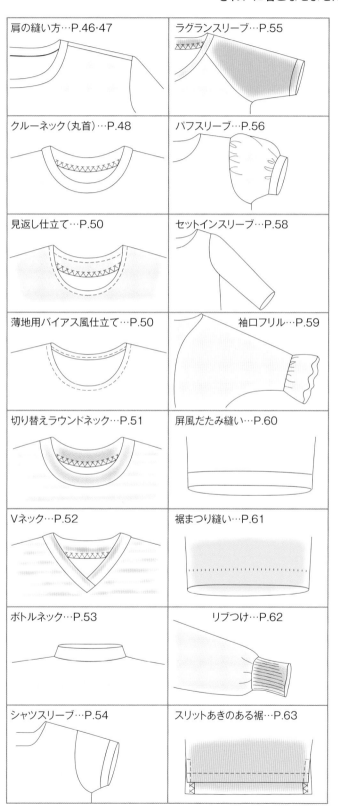

肩に伸び止め接着テープを貼る

伸び止め接着テープ

アイロン接着タイプの5〜12mmまでがおすすめです。

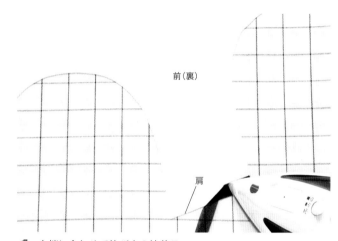

前(裏)

肩

1 布端に合わせて伸び止の接着テープを貼る。

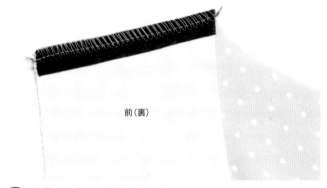

前(裏)

2 必ずテープの上を縫う。縫い終わりの空環を結ぶとほつれない。

エキストラテープ又は
ウーリースピンテープを縫い込む

付属のバルキー押えにテープを通して、一緒に縫い込みます。

エキストラテープ

薄くて、戻り率が良いニット用伸び止めテープ。シフォンなどの透ける素材にも使えて便利です。

ウーリースピンテープ

付属のバルキー押えにテープを通して縫い目に一緒に縫い込むタイプ。

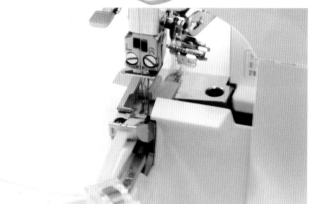

1 ロックミシンにセットして、肩を縫い合わせる。

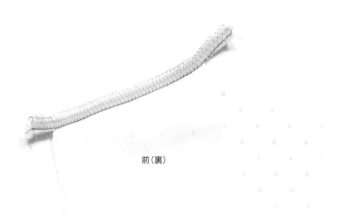

前（裏）

2 縫い始めと縫い終わりは余分につけておく。次の作業の前に切り取る。

共布を縫い込む

共布
透ける布地の場合、共布を使うと、仕上がりがきれいです。伸びない方向を細く切って使います。

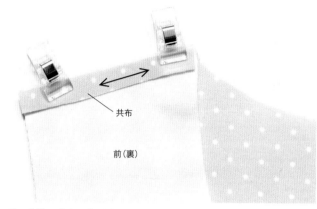

共布

前（裏）

1 伸縮の少ない縦地を1cmに切って芯にする。縦横のどちらも伸縮の多い布地には不向き。

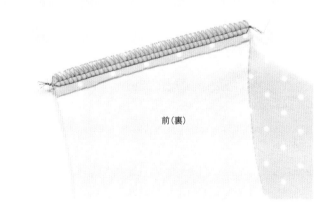

前（裏）

2 3枚一緒に縫う。

47

衿ぐりの縫い方

いろいろなラウンドネックやVネック、ボトルネックなどの
衿ぐりの縫い方を紹介します。

クルーネック（丸首）

つけ寸法の違う衿ぐり布を縫い合わせるので、
身頃と衿ぐり布のそれぞれに等分の合印をつけます。

1 衿ぐり布を中表に合わせ、後ろ
中心を縫って、輪にする。

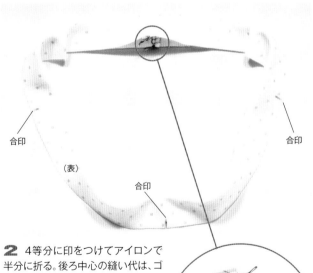

2 4等分に印をつけてアイロンで
半分に折る。後ろ中心の縫い代は、ゴ
ロゴロしないよう、互い違いに折る。

縫い合わせるときに段差
が少なくなり、縫いやすい。

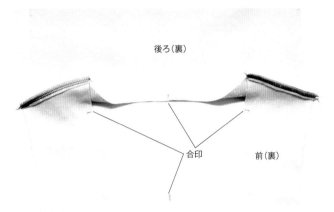

3 あらかじめ肩を
縫っておいた身頃に
後ろ中心と前中心を
合わせて、4等分の
合印をつけておく。

衿ぐりの前後中心を
合わせてたためば、4
等分の位置がわかる。

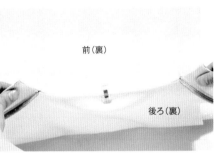

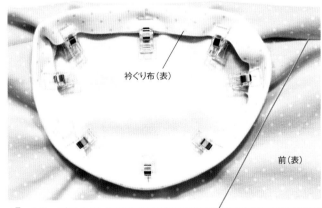

4 クリップで合印
を合わせて、身頃と
衿ぐり布をとめる。

肩の縫い代は、後ろ
身頃側に倒す。

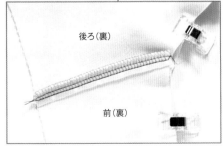

●輪になった部分の縫い方（筒縫い）

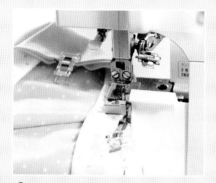

1 押え金と針を上げて布地を水平にセットする。縫い代が重ならない肩の後ろ側（肩から2〜3cm先）から縫い始める。

身頃（下の布）がたるんでいる。

2 布地は伸縮するので、写真のように手を添え、軽く引っ張りながら下の布が平らになるまで上の布を伸ばして縫い進む。

3 一周縫い進め、縫い始めが見えてきたら縫い始めの空環を切り、2〜3cm重ねて縫う。

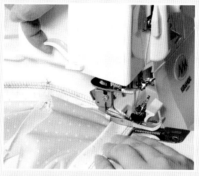

4 最後は針を上げ、押え金を上げて布地を90度回転させ、後ろによける。

5 正面から見た状態。その後、押え金を下ろしてまっすぐ縫い進むと、きれいな縫い終わりができる。

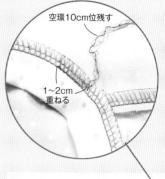

空環10cm位残す

1〜2cm
重ねる

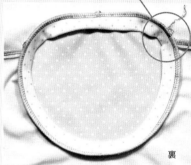

裏

6 空環は10cmくらい残して切る。

7 空環をきわで結んで切る。

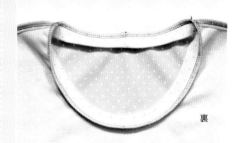

裏

8 でき上がり。表からアイロンで整える。

衿ぐりの縫い方

衿ぐりのデザインによって仕立て方が異なります。直線ミシンで縫うときのステッチは下糸にウーリー糸を使います。

見返し仕立て

薄く仕立てたい場合におすすめです。

1 見返しの裏に接着芯を貼る。中表にし、肩を縫い、外まわりにロック始末をする。肩の縫い代は前側に倒す。

縫い代は
互い違いに倒す

見返し(裏)　表

2 見返しと身頃を中表に合わせ、クリップで止める。

3 衿ぐりをロックミシンで輪に縫い合わせる。(P.49参照)

見返し(表)　裏

4 見返しを身頃の裏に折り返し、アイロンで整え、衿ぐりに直線ミシンでステッチをかける。

薄地用バイアス風仕立て

衿ぐり布を二つ折りにして使うので、薄地でも仕立てやすいのが特徴です。

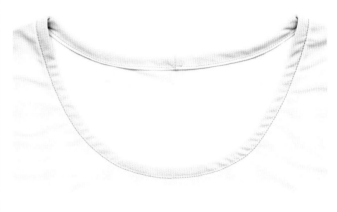

表

表

二つ折り　2cm

1 4cm幅の衿ぐり布の後ろ中心を縫い、二つ折りにする。

表

表

2 4等分の合印を合わせ、衿ぐりを3枚一緒にロックミシンで輪に縫う。(P.48・49参照)

3 衿ぐり布を身頃の裏に折り返し、アイロンで整えて、直線ミシンで縫う。

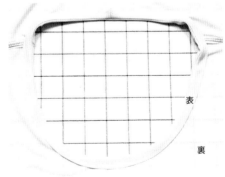

表

裏

切り替えラウンドネック

直線の衿ぐり布を縫い合わせるのではなく、身頃の衿ぐりと平行に幅の狭い切り替えを作ったラウンドネックです。

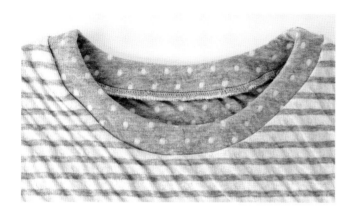

3 衿ぐりをロックミシンで輪に縫う。（P.49参照）

1 表裏の衿ぐり布の裏側に接着芯を貼る。肩線をロックミシンで縫う。

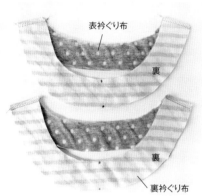

表衿ぐり布

裏

裏

裏衿ぐり布

4 表に返し、アイロンで形を整える。

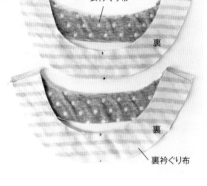

表

5 表衿ぐり布と身頃を中表に合わせ、合印を合わせてクリップでとめる。

裏衿ぐり布（表）

裏

縫い合わせるときに段差が少なくなり、縫いやすい。

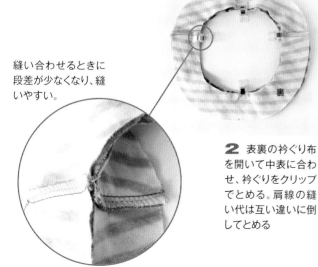

裏

2 表裏の衿ぐり布を開いて中表に合わせ、衿ぐりをクリップでとめる。肩線の縫い代は互い違いに倒してとめる

6 切り替え線をロックミシンで輪に縫う。（P.49参照）

表

裏

衿ぐりの縫い方

Vネック

直線の衿ぐり布の両端を、直角に重ねてVネックを作りました。

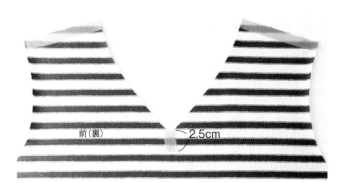

前（裏）　2.5cm

1 前身頃の肩線とVネックの中心部分に伸び止め接着テープを貼る。

伸び止め接着テープ

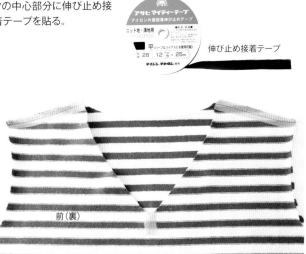

前（裏）

2 前後身頃を中表に合わせ、肩線をクリップでとめてロックミシンで縫う。

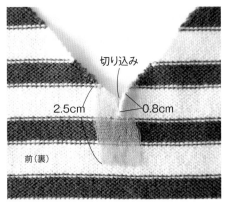

3 Vネックの中心に切り込みを入れる。

切り込み

2.5cm　　0.8cm

前（裏）

4 衿ぐり布を二つ折りにして、布用のりで貼る。（仮止め）

布用ペンタイプのり（仮止め用）

A

5 衿ぐり布の両端を直角に重ねる。右側を上にして重ね、布用のりで貼る。（仮止め）

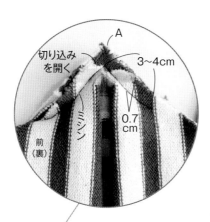

6 衿ぐり布のAとVネックの中心を合わせる。Vネックの切り込みを開いて衿ぐり布と合わせ、まち針でとめる。0.7cm内側を、左右3〜4cm間、直線ミシンで縫う

7 衿ぐり布と身頃の衿ぐりをクリップでとめる。

8 衿ぐり布を上にして、ロックミシンにセットする。前中心から、一周ロックミシンで縫う。

ボトルネック

衿ぐり布をつけたように見えるボトルネックは衿ぐりを屏風だたみ縫いにしています。（詳しくはP.60参照）

1 前後身頃を中表に合わせて、肩線をロックミシンで縫う。

2 衿ぐりを3.5cm幅の屏風だたみにして、クリップでとめる。

縫い代　3.5

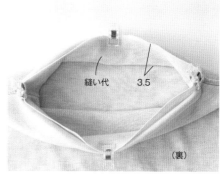

3 縫い代側を上にして、ロックミシンにセットする。メスを固定し、布端を合わせて輪に縫う。（P.49参照）

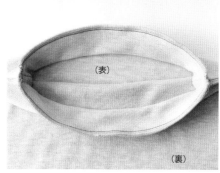

袖の縫い方

袖の形には、いくつかの種類があります。ここでは、それぞれのつけ方を紹介します。

シャツスリーブ

1 身頃の袖ぐりと袖山に合印をつけておく。袖口の縫い代を裏に折っておく。

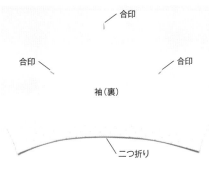

合印

袖（裏）

合印　　　　　　合印

二つ折り

2 身頃の袖ぐりと袖山の合印を合わせ、クリップで止める。

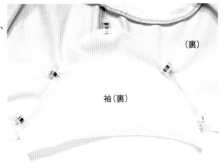

（裏）

袖（裏）

3 袖山のカーブを縫うときは、手前側の布が直線になるようにして縫う。

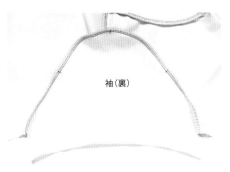

袖（裏）

4 袖下から脇を続けて縫う。

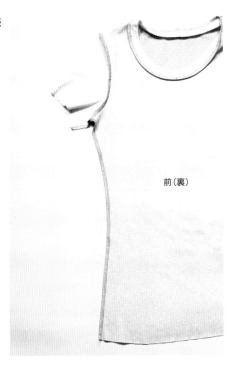

前（裏）

5 屏風だたみ縫い（P.60参照）で袖口を輪に縫う。

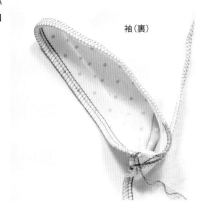

袖（裏）

ラグランスリーブ

1 袖の前後を確認する。

前　　　後

2 前袖と前身頃、後ろ袖と後ろ身頃を中表に合わせ、クリップで止める。

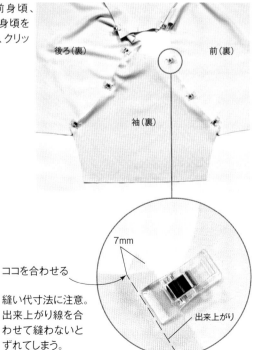

後ろ(裏)　　　前(裏)

袖(裏)

7mm

ココを合わせる

縫い代寸法に注意。出来上がり線を合わせて縫わないとずれてしまう。

出来上がり

3 袖を縫ったら衿を縫い合わせる。（P.48参照）

袖(裏)

4 袖下から脇を続けて縫う。袖口は屏風だたみ縫い(P.60参照)で縫う。

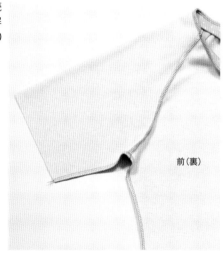

前(裏)

ラグラン袖の縫い代は一般的に袖側に倒す。

袖の縫い方

パフスリーブ

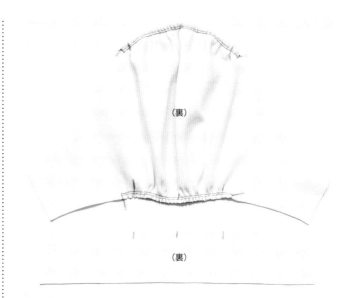

（裏）

（裏）

2 セットアップをギャザー寄せ縫いに合わせ、裏側から袖山と袖口にギャザーを寄せる。印より1cm手前から縫い始め、1cm終わりまで縫う。

ギャザー寄せ縫い			
左	右	上	下
⬤			
オーバーロック			0
縫い目切換			A
かがり幅			小
送り目			普4
差動			2
メス			固定
標準押え			

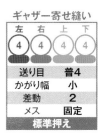

ギャザー寄せ縫い			
左	右	上	下
4	4	4	4
送り目		普4	
かがり幅		小	
差動		2	
メス		固定	
標準押え			

合印のつけ方のコツ

印を長くつけないと、ギャザーで隠れたり、押え金で見えなくなるので必ず長めにつけること。

point

必ず合印をつける　合印　合印　合印

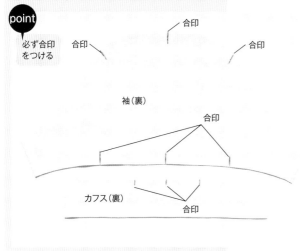

袖（裏）

合印

カフス（裏）

合印

1 袖山、袖口の中心とギャザー位置に消えるチャコペンなどでしっかり印をつける。カフスにも合印をつける。

ギャザーの寄せ方 ▶P.73

point 針糸を引くために裏から縫う。

縫い始めの糸を結んでおく

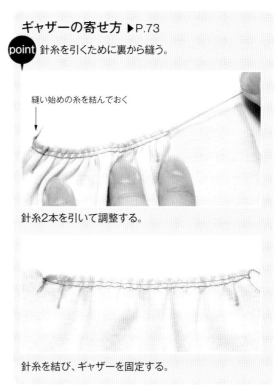

針糸2本を引いて調整する。

針糸を結び、ギャザーを固定する。

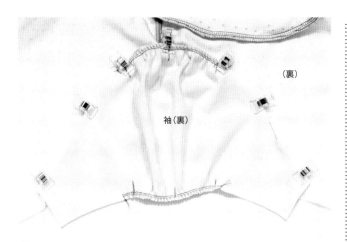

3 身頃と袖の合印を中表に合わせ、クリップで止める。

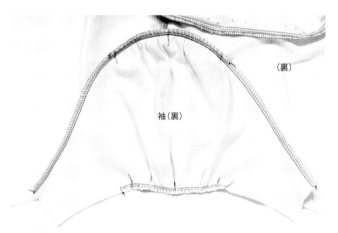

4 ミシンのセットアップを普通ロックに戻し、ギャザーがずれないように袖を上にして縫う。表にギャザーミシンの縫い目が出ないように、かがり幅を広くする。

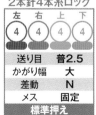

5 袖下と脇を続けて縫う。袖つけの縫い代は互い違いにする。

6 カフスを筒に縫い、二つ折りにする。

7 ギャザー位置を合わせてカフスをクリップで止める。

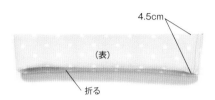

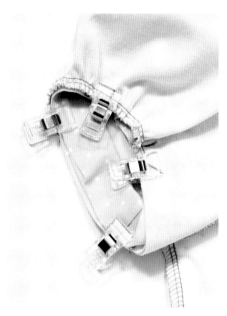

8 ギャザーを上にして輪に縫う。（P.49参照）

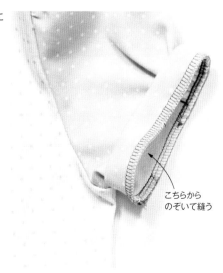

57

袖の縫い方

セットインスリーブ

筒状に縫った袖を身頃のアームホールに合わせて、輪に縫います。最も基本の袖つけで、布帛（ふはく）で良く見かける縫い方です。

3 前後身頃を中表に合わせて、脇線を縫う。

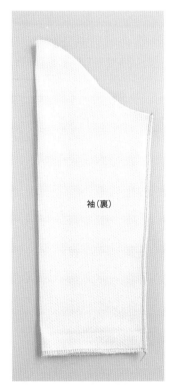

4 袖を中表に二つ折りにして、袖下線を縫う。袖山にいせ込みを入れてから縫う場合もある。（P.35参照）

5 袖と身頃を中表に合わせ、袖ぐりをクリップでとめる。袖下と脇の縫い代は互い違いになるように合わせる。

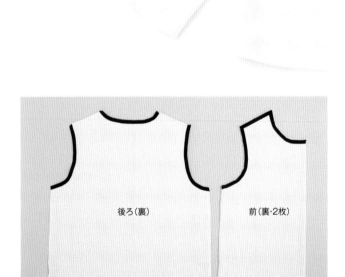

1 前後身頃の衿ぐり・袖ぐり・前の肩線に伸び止め接着テープを貼る。

6 身頃側を上にして、ミシンにのせ、普通ロックで輪に縫う。（P.49参照）

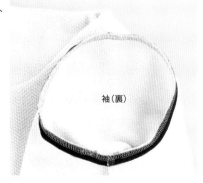

2 前後身頃を中表に合わせて、肩線を縫う。

袖口フリル　バルキー押えを使い、ギャザーを寄せたフリルを袖口に縫い合わせます。

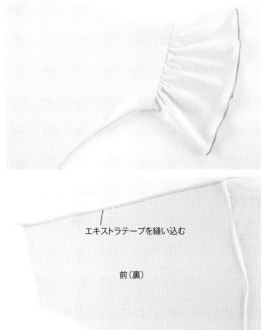

エキストラテープを縫い込む

前（裏）

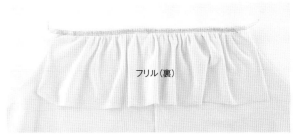

フリル（裏）

2本針4本糸ロック			
左	右	上	下
オーバーロック	-----	-----	0
縫い目切換	-----	-----	A
かがり幅	-----	-----	M
送り目	-----	普	2.5
差動	-----	-----	N
メス	-----	-----	固定
バルキー押え			

2本針4本糸ロック			
左	右	上	下
4	4	4	4
送り目		普	2.5
かがり幅			M
差動			N
メス			固定
バルキー押え			

1 前後身頃を中表に合わせる。バルキー押えにエキストラテープを通し、ロックミシンにセットする。ドルマンスリーブの肩線を縫う。

2 フリルの中心にチャコペンなどで印をつける。フリルの両端から2cm位内側を差動を使い、普通ロックミシンで縫ってギャザーを寄せる。バルキー押えを使う。

フリル（裏）

ギャザー寄せ縫い			
左	右	上	下
オーバーロック	-----	-----	0
縫い目切換	-----	-----	A
かがり幅	-----	-----	小
送り目	-----	-----	普4
差動	-----	-----	2
メス	-----	-----	固定
バルキー押え			

ギャザー寄せ縫い			
左	右	上	下
4	4	4	4
送り目			普4
かがり幅			小
差動			2
メス			固定
バルキー押え			

3 袖口と**2**でギャザーを寄せたフリルを中表に合わせ、両端をクリップでとめる。片側の端の糸を結ぶ。反対側の端の針糸2本を目打ちで引き出す。

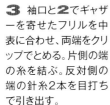

4 針糸を引いて、袖口寸法にギャザーを寄せる。ギャザーを均等にならし、終わりの糸を結びとめる。

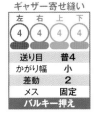

フリル（裏）

5 ミシンのセットアップを普通ロックに戻し、押え金を標準押えに換える。ギャザーがズレないようにフリル側を上にして縫う。かがり幅は大にする。

2本針4本糸ロック			
左	右	上	下
オーバーロック	-----	-----	0
縫い目切換	-----	-----	A
かがり幅	-----	-----	大
送り目	-----	普	2.5
差動	-----	-----	N
メス	-----	-----	固定
標準押え			

2本針4本糸ロック			
左	右	上	下
4	4	4	4
送り目		普	2.5
かがり幅			大
差動			N
メス			固定
標準押え			

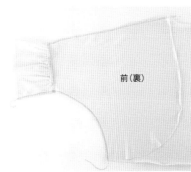

前（裏）

2本針4本糸ロック			
左	右	上	下
オーバーロック	-----	-----	0
縫い目切換	-----	-----	A
かがり幅	-----	-----	M
送り目	-----	普	2.5
差動	-----	-----	N
メス	-----	-----	固定
標準押え			

2本針4本糸ロック			
左	右	上	下
4	4	4	4
送り目		普	2.5
かがり幅			M
差動			N
メス			固定
標準押え			

6 身頃を中表に合わせて、フリルの端から続けて脇線を縫う。かがり幅はMにする。

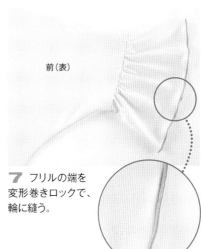

前（表）

7 フリルの端を変形巻きロックで、輪に縫う。

変形巻きロック			
左	右	上	下
		ウーリー	
オーバーロック	-----	-----	0
縫い目切換	-----	-----	D
かがり幅	-----	-----	M
送り目	-----	-----	巻1
差動	-----	-----	N
メス	-----	-----	使用
標準押え			

変形巻きロック			
左	右	上	下
✕	4	4	7
		ウーリー	
送り目			巻1
かがり幅			M
差動			N
メス			使用
標準押え			

袖口・裾の始末

最後の始末がきれいにできると、仕上がりにグンと差がでます。
大切な部分なので、必ず試し縫いをしましょう。

屏風だたみ縫い　最も簡単な裾上げの方法です。

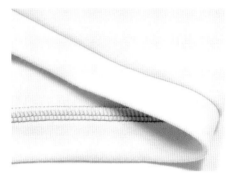

2本針4本糸ロック

左	右	上	下
●	●	●	●

オーバーロック----- O
縫い目切換------ A
かがり幅------- M
送り目----- 普2.5
差動--------- N
メス ------ 固定
標準押え

2本針4本糸ロック

左	右	上	下
4	4	4	4

送り目　普2.5
かがり幅　M
差動　N
メス　固定
標準押え

1 縫う前にあらか
じめアイロンででき
上がりに折り上げる。

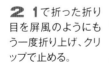

アイロン定規
を使うと簡単!

2 1で折った折り
目を屏風のようにも
う一度折り上げ、クリ
ップで止める。

表

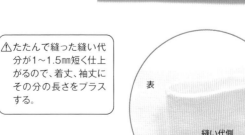

⚠たたんで縫った縫い代
　分が1～1.5mm短く仕上
　がるので、着丈、袖丈に
　その分の長さをプラス
　する。

表

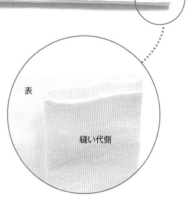

縫い代側

3 縫い代側を上に
してメスを固定し、布
端に合わせて縫う。

表

縫い代

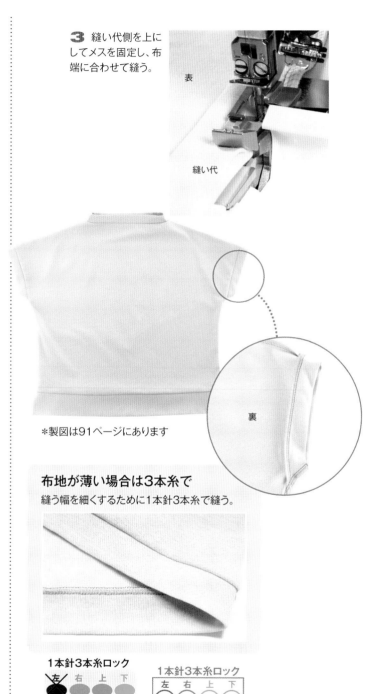

裏

*製図は91ページにあります

布地が薄い場合は3本糸で

縫う幅を細くするために1本針3本糸で縫う。

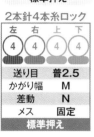

1本針3本糸ロック

左	右	上	下
●	●	●	●

オーバーロック----- O
縫い目切換------ B
かがり幅------- M
送り目----- 普2.5
差動--------- N
メス ------ 固定
標準押え

1本針3本糸ロック

左	右	上	下
✕	4	4	4

送り目　普2.5
かがり幅　M
差動　N
メス　固定
標準押え

裾まつり縫い

1本針3本糸で縁がかりと同時に
まつり縫いで端の始末ができます。

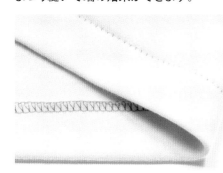

1本針3本糸ロック

左	右	上	下
⬛	⬤	⬤	⬤

オーバーロック	O
縫い目切換	B
かがり幅	M
送り目	普2.5〜4
差動	N
メス	使用
裾まつり押え	

1本針3本糸ロック

左	右	上	下
✕	3	4	4

送り目	普2.5〜4
かがり幅	M
差動	N
メス	使用
裾まつり押え	

使用アタッチメント
裾まつり押え
縁かがりと同時に
まつり縫いをするための押え。
裾引き押えともいう。

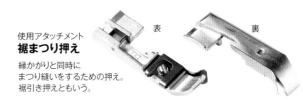
表　裏

4 上ルーパー糸を
ウーリー糸にすると、
きれいに仕上がる。
縫い終えたら折り返
しを戻して、アイロン
で形を整える。

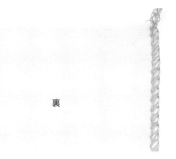
裏

1 アイロンで出来
上がりに折る。初心
者は布端から0.5㎝
のところに両面接着
テープを貼ると簡単!

裏

両面接着テープ

0.5cm

裏

縫い代幅

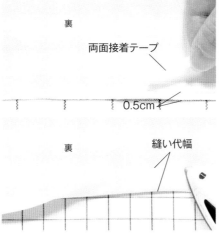

布地が薄い場合は

細い糸を使用し、かがり幅を細く、
送り目を細かくする。

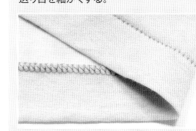

1本針3本糸ロック

左	右	上	下
⬛	⬤	⬤	⬤

オーバーロック	O
縫い目切換	B
かがり幅	小
送り目	普2.5
差動	N
メス	使用
裾まつり押え	

1本針3本糸ロック

左	右	上	下
✕	3	4	4

送り目	普2.5
かがり幅	小
差動	N
メス	使用
裾まつり押え	

2 **1**で折った折り
目を屏風のように折
り上げる。

裏

縫い代幅

裏

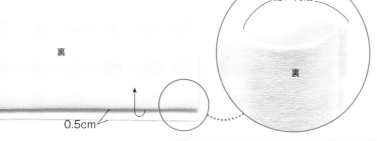

0.5cm

3 折り山をガイド
に合わせて縫う。

布地(裏)

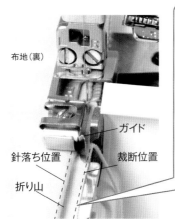

ガイド
針落ち位置
裁断位置
折り山

折り山ギリギリに針が落ちるように押え金のガイドを調整

折り山ギリギリに針が落ちているか確認し、ズレている場合は
押え金のガイドを調整する。

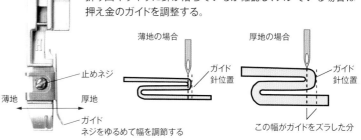

止めネジ

薄地　厚地

ガイド
ネジをゆるめて幅を調節する

薄地の場合

ガイド
針位置

厚地の場合

ガイド
針位置

この幅がガイドをズラした分

袖口・裾の始末

リブつけ リブつけは袖口だけでなく、トレーナーの裾などによく使います。

1 袖下とリブはそれぞれ中表で筒状に縫う。

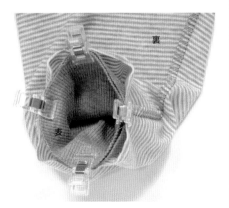

2 外表に二つ折りにしたリブを袖の中に入れ、4等分にして、クリップで止める。

3 押えと針を上げ、布をまっすぐに置き針を下げる。「輪になった部分の縫い方」（P.49参照）で縫う。

4 下の布が平らになるまでリブを伸ばして縫う。

5 空環を結んで糸を切る。

スリットあきのある裾

脇線はロックミシンで縫います。スリットあきの部分と裾は
ロックミシンでかがり縫いをして、直線ミシンを使って縫いとめます。

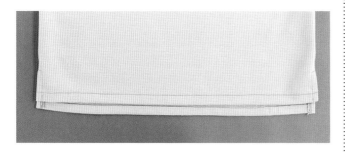

1 型紙の縫い代の
つけ方。

身頃

脇

0.7cm

自然につなげる

3cm

スリットあき止まり

1.5cm

裾

2cm

2 身頃を中表に合わせ、
脇線をカーブのところまでロックミシンで縫って、糸を切る。
スリット部分は布が一直線になるように開き、布の表側からロックミシンでかがり縫いをする。外角の縫い方（P.34参照）で、裾線も続けてかがり縫いをする。

直線にする

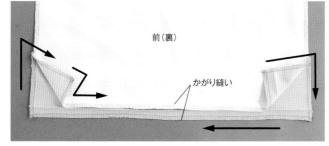

前（裏）

かがり縫い

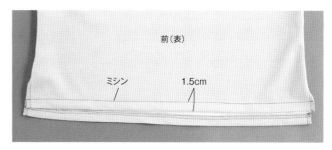

前（表）

ミシン

1.5cm

3 裾の縫い代を折り上げて、直線
ミシンで縫う。

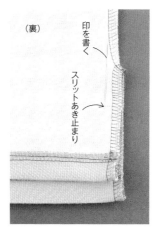

（裏）

印を書く

スリットあき止まり

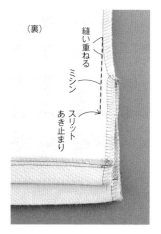

（裏）

縫い重ねる

ミシン

スリットあき止まり

4 スリットあき止まりまで、印を書く。脇を
縫ったロックミシンの針目からつなげるように、直線ミシンでスリットあき止まりまで縫う。

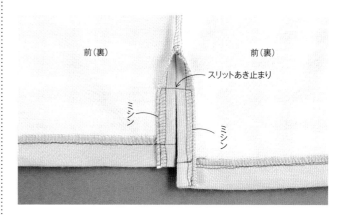

前（裏）

前（裏）

スリットあき止まり

ミシン

ミシン

5 スリットあきの縫い代を開き、
直線ミシンでまわりを縫う。

パーカーの縫い方

2本針4本糸のロックミシンで簡単に縫えるパーカーです。フード、すそ布、袖口布は49ページの「輪になった部分の縫い方」を参照して縫い合わせます。すそ布、袖口布は62ページの「リブつけ」を参考にして伸ばしながら縫います。
＊製図は92ページにあります。

1 縫い代付きの型紙を作って、布を裁断する。

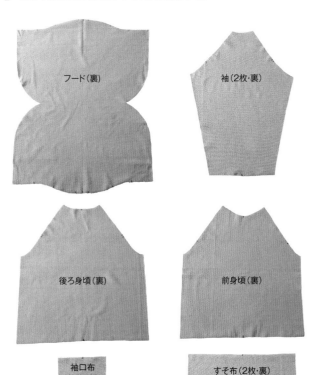

フード（裏）　　袖（2枚・裏）

後ろ身頃（裏）　　前身頃（裏）

袖口布（2枚・裏）　　すそ布（2枚・裏）

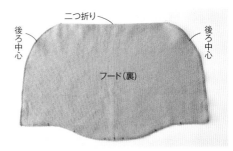

二つ折り

後ろ中心　　後ろ中心

フード（裏）

2 フードを中表に二つ折りにして、後ろ中心をロックミシンで縫う。

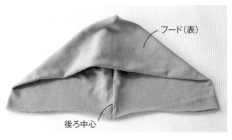

フード（表）

後ろ中心

3 表に返す。後ろ中心の縫い目どうしを中心で合わせて、形を整える。

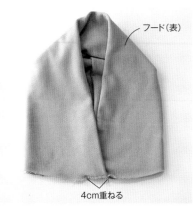

フード（表）

4cm重ねる

4 フードの左右の前中心を合わせて重ね、ロックミシンで縫う。

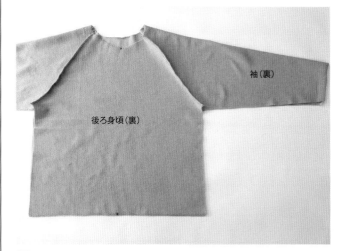

袖（裏）

後ろ身頃（裏）

5 身頃と袖を中表に合わせ、袖付け線を2本針4本糸のロックミシンで縫う。袖の前後左右を間違えないように注意する。

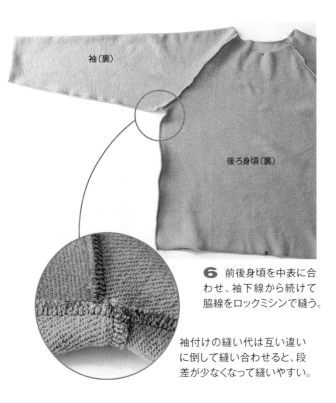

袖（裏）

後ろ身頃（裏）

6 前後身頃を中表に合わせ、袖下線から続けて脇線をロックミシンで縫う。

袖付けの縫い代は互い違いに倒して縫い合わせると、段差が少なくなって縫いやすい。

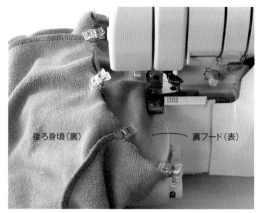

7 フードと身頃を中表に合わせ、合印をクリップでとめる。フード側から、ロックミシンで輪に縫う。(p.49参照)

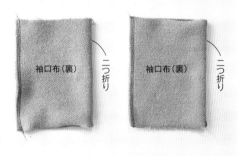

後ろ身頃(裏)　　裏フード(表)

8 袖口布を中表に二つ折りにして、ロックミシンで縫う。2枚作る。

袖口布(裏)　二つ折り　　袖口布(裏)　二つ折り

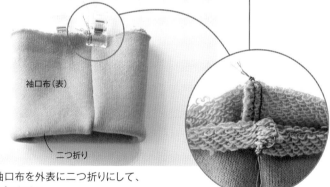

9 袖口布を外表に二つ折りにして、クリップでとめる。

袖口布(表)　二つ折り

縫い代は互い違いに倒して合わせる。

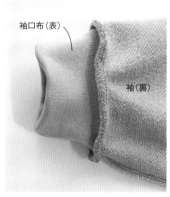

袖口布(表)　　袖(裏)

10 袖口布を袖の中に入れて、62ページの「リブつけ」を参考にして伸ばしながらロックミシンで縫う。

すそ布(裏)

11 すそ布2枚を中表に合わせ、両脇をロックミシンで縫う。

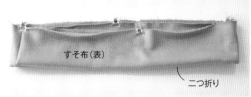

すそ布(表)　二つ折り

12 すそ布を外表に二つ折りにして、クリップでとめる。脇の縫い代は互い違いに倒して合わせる。

13 すそ布を身頃の内側に入れ、合印を合わせてクリップでとめる。身頃を下にしてミシンに配置し、すそ布を伸ばしながらロックミシンで輪に縫う。(p.49参照)

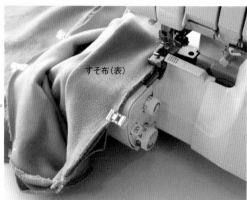

すそ布(表)

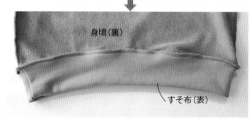

身頃(裏)　　すそ布(表)

14 できあがり

パンツの縫い方

2本針4本糸ロックミシンと直線ミシンでできる、簡単なパンツです。
＊製図は90・91ページにあります。

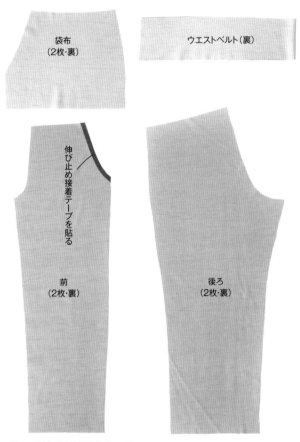

袋布
（2枚・裏）

ウエストベルト（裏）

伸び止め接着テープを貼る

前
（2枚・裏）

後ろ
（2枚・裏）

1 縫い代付きの型紙を作って、布を裁断する。前パンツのポケット口に伸び止め接着テープを貼る。

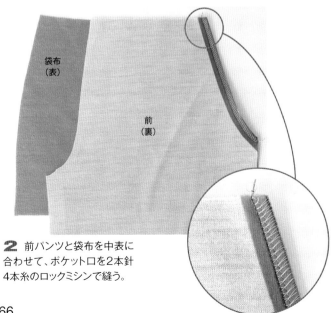

袋布
（表）

前
（裏）

2 前パンツと袋布を中表に合わせて、ポケット口を2本針4本糸のロックミシンで縫う。

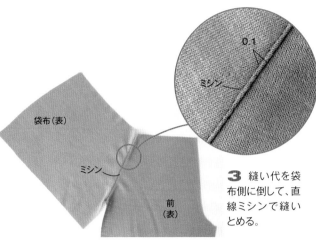

0.1

ミシン

袋布（表）

ミシン

前
（表）

3 縫い代を袋布側に倒して、直線ミシンで縫いとめる。

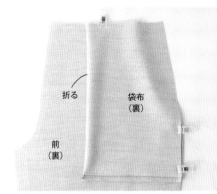

折る

袋布
（裏）

前
（裏）

4 袋布をできあがりに二つ折りにして、底線をロックミシンで縫う。前パンツと袋布をできあがりに重ねる。ウエストと脇線をクリップでとめる。

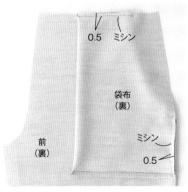

0.5　ミシン

袋布
（裏）

前
（裏）

ミシン

0.5

5 クリップでとめたところを、ズレないようにミシンで縫う。0.5cm内側を、直線ミシンで縫う。（しつけミシン）

後ろ
（表）

前
（裏）

6 前後パンツを中表に合わせて、脇線と股下線をロックミシンで縫う。

7 右パンツの内側に左パンツを差し込んで、中表に合わせる。股ぐりをクリップでとめる。股下線の縫い代は、互い違いに重ねる。

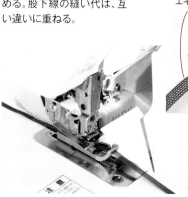

エキストラテープ

バルキー押え

8 バルキー押えを用意して、エキストラテープ(伸び止めテープ)を通す。標準押えをはずして、バルキー押えに換える。5〜6cmはエキストラテープだけを縫う。

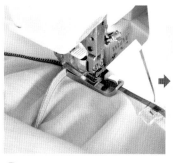

9 パンツの股ぐりをセットして、エキストラテープと一緒に縫う。

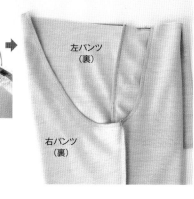

左パンツ
（裏）

右パンツ
（裏）

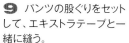

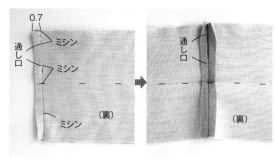

0.7
ミシン
通し口
ミシン
ミシン
（裏）

通し口
（裏）

10 ウエストベルトの両端を中表に合わせる。ゴムベルト通し口を残して、0.7cm内側を直線ミシンで縫う。縫い代をアイロンで開く。

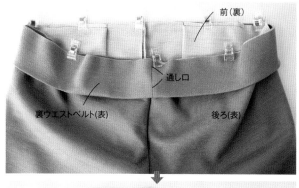

前（裏）

通し口

裏ウエストベルト(表)

後ろ(表)

通し口

前（裏）

11 ウエストベルトをできあがりの幅に、二つ折りにする。ゴムベルト通し口が外側になるようにして、パンツの表の上に重ねる。ゴムベルト通し口と後ろ中心線を合わせて、クリップでとめ、ロックミシンで輪に縫う。(P.49参照)

（表）

かがり縫い

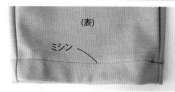

（表）

ミシン

12 裾の縫い代端をロックミシンで、かがり縫いにする。縫い代を折り上げて、直線ミシンで縫う。

13 ウエストにゴムベルトを通して仕上げる。

●ウェーブロックの縫い方とミシンの設定

ウェーブロック

縫い目が波状の模様になるのでウェーブロックと言います。
多くは飾り縫いとして使用します。1本針3本糸ロックですが、
糸を置く位置がオーバーロックとは異なります。上下のルーパー糸に
ウーリー糸使うと縫い目が詰まって、きれいに仕上がります。
ウェーブロックの1つの波は25針で形成されているため、
送り目を粗くすれば波が長くなります。

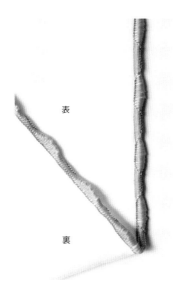

表

裏

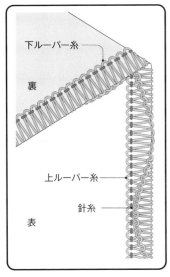

下ルーパー糸

裏

上ルーパー糸

針糸

表

point
糸置きの位置が違う
上ルーパー糸は右針糸の糸置きに、右針糸は
左針糸の糸置きにセットし、それぞれの溝を通
して下の糸かけにかけます。それより先は上ル
ーパー糸は上ルーパーから糸を出し、針糸は右
針に通します。下ルーパー糸はオーバーロック
と同様です。

右針糸　上ルーパー糸　下ルーパー糸

糸かけの前に

↓

押え金を上げる。糸通しセットボ
タンを押しながら、「はずみ車固
定位置」の指針を合わせる。
(p.22参照)

ウェーブロック

左	右	上	下
●	●	ウーリー	ウーリー

ウェーブロック	W
縫い目切換	WB
かがり幅	M～大
送り目	普 0.75
差動	N
メス	固定

標準押え

糸のかけ方

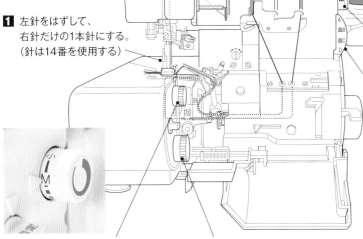

右針糸　上ルーパー糸　下ルーパー糸

1 左針をはずして、
右針だけの1本針にする。
(針は14番を使用する)

2 下ルーパー糸をかける。
上ルーパー糸は右針糸の
糸道を通して、糸通し穴に
通す。右針糸は左針糸の
糸道を通して、右針に通す。

3 「オーバー／ウェーブ
切換ツマミ」を
W に合わせる。

4 「縫い目切換ダイヤル」を
WB に合わせる。

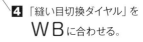

6 「かがり幅ダイヤル」を
M～大 に合わせる。

5 「送り目ダイヤル」を
【普通ロック】の数字
0.75～2に合わせる。

変形ウェーブロック

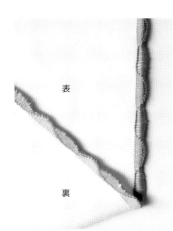

表

裏

右針糸にもウーリー糸を使った、ウェーブロックです。右針糸1を左から2番目の上ルーパー糸と同じ糸道に入れてから、右針に通します。裏の縫い目も波状の模様ができるので、3本の糸をそれぞれ、別々の色にして配色を楽しんでください。

変形ウェーブロック			
左	**右**	**上**	**下**
	ウーリー	ウーリー	ウーリー
ウェーブロック ----- W			
縫い目切換 -----WB			
かがり幅 ---- M~大			
送り目 -- 普 0.75			
差動 -------- N			
メス ------ 固定			
標準押え			

※針は14番を使用する

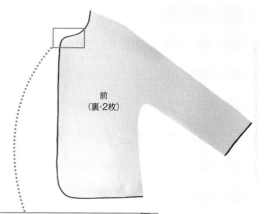

前
(裏・2枚)

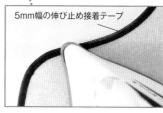

5mm幅の伸び止め接着テープ

2 前後の身頃の衿ぐり・前端・裾・袖口・ポケットのまわりに5mm幅の伸び止め接着テープを貼る。

ウェーブロックで ジャケットを作ろう

2本針4本糸ロック			
左	**右**	**上**	**下**
オーバーロック ----- O			
縫い目切換 ----- A			
かがり幅 ----- M			
送り目 -- 普 2.5			
差動 -------- N			
メス ------ 固定			
標準押え			

後ろ
(裏・2枚)

ポケット
(裏・2枚)

裏起毛のニット地を使って、ウェーブロックを施したジャケットを作ってみましょう。
*製図は90ページにあります。

前見返し
(表・2枚)

後ろ見返し
(表)

1 前後の身頃・前後の見返し・ポケットを裁断する。前後の見返しの裏に接着芯を貼る。

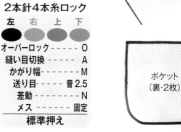

後ろ見返し
(表)

前見返し
(裏)

3 前後の見返しを中表に合わせて、肩線を2本針4本糸のロックミシンで縫う。

後ろ見返し
(裏)

裏

4 縫い代は前見返し側に倒す。

5 見返しの外まわりを2本針4本糸ロックで、かがり縫いをする。

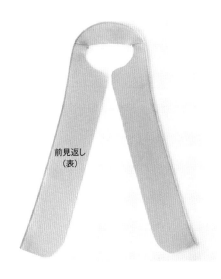

前見返し
（表）

6 左右の後ろ身頃を中表に合わせて、後ろ中心線を2本針4本糸ロックで縫う。縫い代は左側に倒す。

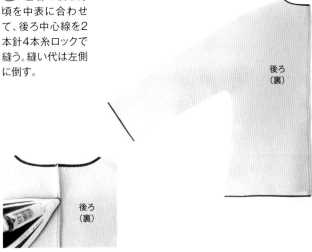

後ろ
（裏）

後ろ
（裏）

7 前後の身頃を中表に合わせて、肩線と脇線を2本針4本糸のロックミシンで縫う。肩の縫い代は後ろ側に、脇の縫い代は前側に倒す。

後ろ（裏）

前
（裏）

前
（裏）

前
（裏）

8 ミシンをウェーブロックにセットする。身頃と見返しを外表に合わせ、クリップでとめる。ウェーブロックで表から、衿ぐり・前端・裾・袖口を縫う。

前
（表）

ウェーブロック

	左	右	上	下
	●	●	ウーリー	ウーリー

ウェーブロック - - - - - W
縫い目切換 - - - - - WB
かがり幅 - - - - M〜大
送り目 - - - 普 0.75
差動 - - - - - - - - N
メス - - - - - - 固定
標準押え

※針は14番を使用する

9 ポケットの入れ口をウェーブロックで縫う。

ポケット
（表）

10 ポケットのまわりをウェーブロックで縫う。

ポケット
（表）

11 糸始末はとじ針に空環を通して、縫い目の中に通す。ポケットは直線ミシンで身頃につける。

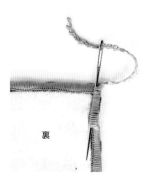

裏

巻きウェーブロック

オーバーロックの巻きロックと同様で、
布端をひと折りしながら縫います。縫い目が細い波状の
模様になります。飾り縫いとして使用します。

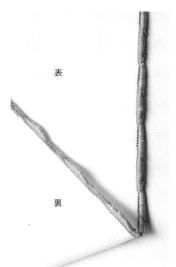

裏

下ルーパー糸

上ルーパー糸

針糸

表

表

裏

巻きウェーブロックでレタス縫い

*製図は90ページ
にあります。

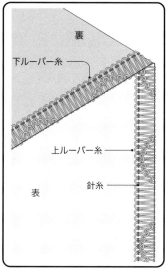

巻きウェーブロック

左	右	上	下
●	○	ウーリー	ウーリー

ウェーブロック	W
縫い目交換	WC
かがり幅	M
送り目	巻 0.75
差動	N
メス	固定
標準押え	

良く伸びるニット地を使用して、
送り目を小さくして縫う。

point

糸置きの位置が違う

ウェーブロックと同様に上ルーパー
糸は右針糸の糸置きに、右針糸は左
針糸の糸置きにセットして糸かけを
します。この作品は、上ルーパー糸
にウーリー糸、下ルーパー糸にウー
リーラメ糸を使用しています。

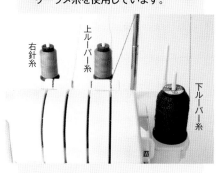

右針糸　上ルーパー糸　下ルーパー糸

糸のかけ方

2 下ルーパー糸をかける。
上ルーパー糸は右針糸の
糸道を通して、糸通し穴に
通す。右針糸は左針糸の
糸道を通して、右針に通す。

右針糸　上ルーパー糸　下ルーパー糸

3 「オーバー／ウェーブ
切換ツマミ」を
W に合わせる。

4 「縫い目切換ダイヤル」を
WC に合わせる。

1 左針をはずして、
右針だけの1本針にする。
（針は14番を使用する）

6 「かがり幅ダイヤル」を
M に合わせる。

5 「送り目ダイヤル」を【巻きロック】
の数字0.75〜2に合わせる。

アタッチメントを使いこなそう!

ロックミシンには、アタッチメントとして数種類の押え金があります。ミシンについている基本の押え金は標準押え金ですが、別売りのいろいろなアタッチメントを使いこなすことで、縫い方の幅が広がります。

バルキー押え

▼伸び止めテープ入れ…p.47
▼ギャザー寄せ縫い…p.73

▼パイピング風ロック…p.73

伸び止めテープを入れて縫うための押え金。ギャザー寄せにも使います。

ビーズ押え

▼ビーズつけ…p.79

▼ブレード・ひも作り…p.79

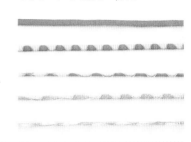

ひも状のビーズやスパンコールを縫い込むことができます。色糸を使って、伸び止めテープやゴムを普通ロックやウエーブロックで縫うことで、ブレードやひもを作ることができます。

セパレート押え

▼フリルつけ…p.74

2枚の布を縫い合わせるときに、片方の布だけにギャザーを寄せて縫い合わせることのできる押え金です。

パイピング押え

▼コードパイピング縫い…p.80

市販のパイピングコードを縫いつけられます。押え金の溝の幅は3mmと5mmがあります。この幅に入るものなら、ポンポンテープなどもつけられます。

ゴム押え

▼ゴム入れ…p.76

▼テグス入れ…p.78

縁かがりと同時にゴムテープを縫い込むことができます。巻きロックの縫い目にテグスを入れることができます。

裾まつり押え

▼裾まつり縫い…p.61

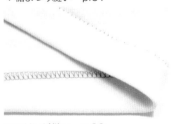

▼フリンジ縫い…p.83

Tシャツやスカートなど、ニット地の裾を縁かがりと同時にまつり縫いをします。

ギャザー寄せ縫い …バルキー押え

押えの裏の横に溝がある構造なので、バルキー押えを使ったほうがギャザーがたくさん寄ります。
ギャザーを寄せたい位置に、チャコペンなどで印をつけます。

標準押え

表

裏

バルキー押え

表

裏

この溝が
ギャザーの
寄る秘密

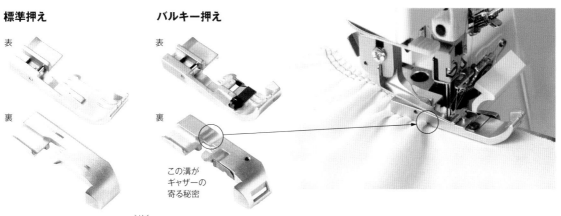

ギャザー寄せ縫い

左	右	上	下
●			

オーバーロック	- - - - -	0
縫い目切換	- - - - -	A
かがり幅	- - - - -	小
送り目	- - -	普4
差動	- - - - -	2
メス	- - - - -	固定

バルキー押え

ギャザー寄せ縫い

左	右	上	下
4	4	4	4

送り目	普4
かがり幅	小
差動	2
メス	固定

バルキー押え

生地の伸び率 ニットよりも布帛のほうがギャザーが寄りやすいです。布地によってギャザーの寄る分量が異なるので、必ず試し縫いをしましょう。10cm間隔に印をつけて縮めるとギャザー分量がわかりやすくなります。

ニット（スムース） ➡ 極薄地（ボイル） ➡ 布帛（サテン）

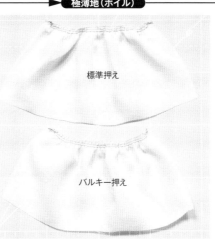

標準押え

バルキー押え

標準押え

バルキー押え

標準押え

バルキー押え

パイピング風ロック …バルキー押え

0.75～1mmの細かい針目で上下ともウーリー糸か太い
飾り糸を使います。サテンステッチでパイピングしたよう
に見える飾り縫いです。

2本針4本糸ロック

左	右	上	下
●			

オーバーロック	- - - - -	0
縫い目切換	- - - - -	A
かがり幅	- - - - -	M
送り目	- - - -	普1
差動	- - - - -	N
メス	- - - - -	固定

バルキー押え

2本針4本糸ロック

左	右	上	下
4	4	4	4

送り目	普1
かがり幅	M
差動	N
メス	固定

バルキー押え

**布が伸びないよう
伸び止めテープを使って**

ニット地

テープなしだと伸びてしまう

テープを入れたもの

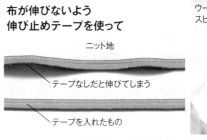

ウーリー
スピンテープ

バルキー押えを使い、ウーリースピンテープを入れ
ながら縫うと端がしっかり、きれいに縫えます。
5mm幅の伸び止め接着テープを貼っても良い。

フリルつけ …セパレート押え

片方の布だけにギャザーを寄せながら、一度でフリルつけができる縫い合わせ方です。

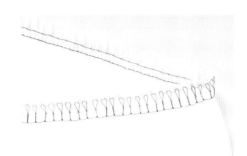

2本針4本糸ロック

左	右	上	下
●			

オーバーロック ------ O
縫い目切換 ------ A
かがり幅 ------ 大
送り目 ------ 普4
差動 ------ 2
メス ------ 固定

セパレート押え

使用アタッチメント
セパレート押え

表　　　　裏

2本針4本糸ロック

左	右	上	下
4	4	4	4

送り目	普4
かがり幅	大
差動	2
メス	固定

セパレート押え

針目が大きいときと差動が多いときは、ギャザーの分量が増えます。

正面から見た図

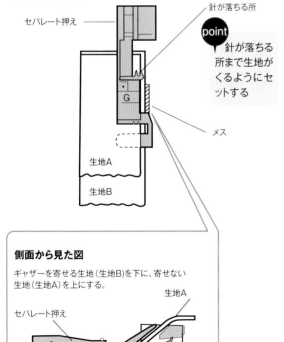

セパレート押え

針が落ちる所

point
針が落ちる所まで生地がくるようにセットする

G

メス

生地A
生地B

側面から見た図

ギャザーを寄せる生地（生地B）を下に、寄せない生地（生地A）を上にする。

セパレート押え

生地A

生地B

1 上にA布、下にギャザーを寄せるB布を中表に重ねる。縫い始めは針を布端に落とし、2枚の布を安定させる。

（裏）

（表）

2 メスに布端を合わせ、最後まで縫う。下の布は引っぱらないように！（引っぱるとギャザーが寄らなくなってしまう）

A布(裏)

B布(表)

3 布を開くとギャザーが入ったフリルがついている。

A布(裏)　　　　（表）

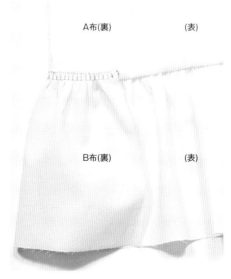

B布(裏)　　　　（表）

●生地の厚みでギャザーの分量が変わる

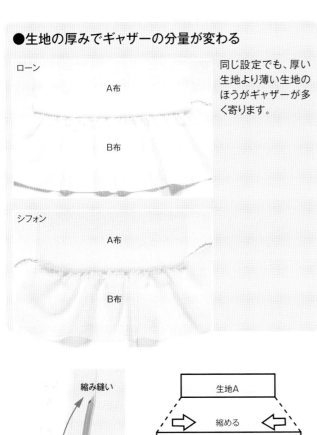

ローン
A布
B布

シフォン
A布
B布

同じ設定でも、厚い生地より薄い生地のほうがギャザーが多く寄ります。

縮み縫い

差動レバー

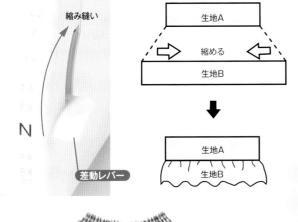

生地A
縮める
生地B

↓

生地A
生地B

●ニットには伸び止めテープを

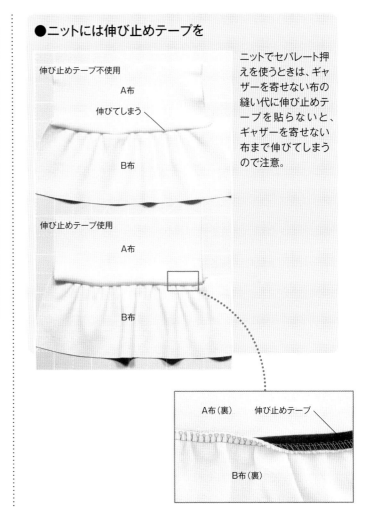

伸び止めテープ不使用
A布
伸びてしまう
B布

伸び止めテープ使用
A布
B布

ニットでセパレート押えを使うときは、ギャザーを寄せない布の縫い代に伸び止めテープを貼らないと、ギャザーを寄せない布まで伸びてしまうので注意。

A布（裏）　伸び止めテープ
B布（裏）

●透ける布地の場合

チュールやオーガンジーの生地は、送り目とかがり幅を小さくして、透けてもきれいな縫い目にします。

2本針4本糸ロック

左	右	上	下

オーバーロック------0
縫い目切換------A
かがり幅------小
送り目------普3
差動------2
メス------固定
セパレート押え

2本針4本糸ロック

左	右	上	下
④	④	④	④

送り目	普3
かがり幅	小
差動	2
メス	固定
セパレート押え	

ゴム入れ …ゴム押え

縁かがりと同時にゴムテープを縫い込む方法。かがり幅はゴムテープが
隠れる幅に調整します。衿ぐりや袖口などに使えます。
2本針4本糸のロックミシンで、必ず試し縫いをしましょう。

使用アタッチメント
ゴム押え

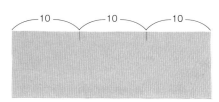

表　　　　裏

●縮み量の調べ方

├─10─┼─10─┼─10─┤

1 幅が30cm以上
の布地を準備する。
10cm間隔のところ
に印をつけて、縮む
分量を見る。

2 最初にゴムテー
プだけを2〜3cm縫
い、続けて布地を入
れて縫い始める。

3 縫い終わりはゴ
ムテープだけを縫い
続け、布より少し長
めに出して切る。

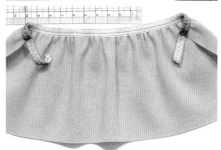

4 定規で縮み率
を測る。ここでは
10cmが6cmに縮
んだので、0.6倍に
縮んだことがわかる。

●ギャザー分量を調整する

ゴム押えは2つのネジがポイント

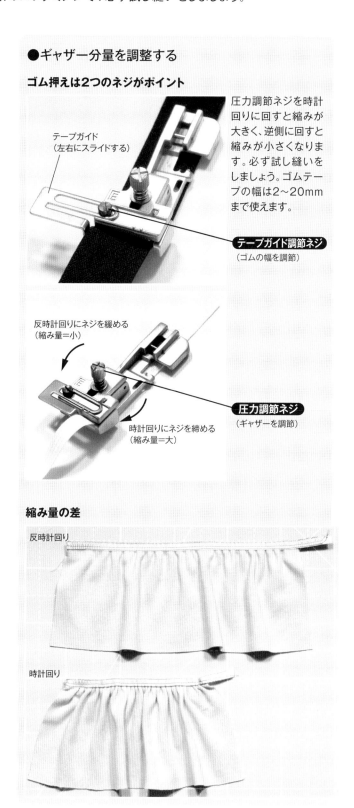

テープガイド
（左右にスライドする）

圧力調節ネジを時計
回りに回すと縮みが
大きく、逆側に回すと
縮みが小さくなりま
す。必ず試し縫いを
しましょう。ゴムテー
プの幅は2〜20mm
まで使えます。

テープガイド調節ネジ
（ゴムの幅を調節）

反時計回りにネジを緩める
（縮み量=小）

圧力調節ネジ
（ギャザーを調節）

時計回りにネジを締める
（縮み量=大）

縮み量の差

反時計回り

時計回り

平ゴムを縫い目に隠す場合

上下ウーリー糸を使って縫い目にゴムを隠します。本縫いの前に必ず試し縫いをしましょう。

スモックブラウスの衿ぐりに。
（6～8コールのゴム使用）

2本針4本糸ロック

左	右	上	下
●	●	ウーリー	ウーリー
オーバーロック			0
縫い目切換			A
かがり幅			大
送り目			普2
差動			N
メス			使用
ゴム押え			

2本針4本糸ロック

左	右	上	下
4	4	4	4
		ウーリー	ウーリー
送り目	普2		
かがり幅	大		
差動	N		
メス	使用		
ゴム押え			

●幅広ゴム（2cmまで）の場合

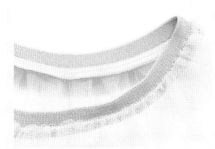

幅広ゴムの場合は、ゴムが縫い目に隠れないので、かがり糸は同色を選ぶなど、見えてもかまわないよう色選びへの配慮が必要です。

パニエのウエストに。

2本針4本糸ロック

左	右	上	下
●	●	ウーリー	ウーリー
オーバーロック			0
縫い目切換			A
かがり幅			小
送り目			普1.5
差動			N
メス			固定
ゴム押え			

2本針4本糸ロック

左	右	上	下
4	4	4	4
		ウーリー	ウーリー
送り目	普1.5		
かがり幅	小		
差動	N		
メス	固定		
ゴム押え			

縮ませない場合（ストレッチレースを縫いつける）

ストレッチレースを伸ばさないようにして縫いつけます。細い幅は1本針3本糸で縫います。

1本針3本糸ロック

左	右	上	下
●	●	ウーリー	ウーリー
オーバーロック			0
縫い目切換			B
かがり幅			M
送り目			普3
差動			1.5
メス			固定
ゴム押え			

1本針3本糸ロック

左	右	上	下
✕	4	4	4
		ウーリー	ウーリー
送り目	普3		
かがり幅	M		
差動	1.5		
メス	固定		
ゴム押え			

下着の飾りなどにストレッチレースをつける場合、レースを引っ張らないでつけます。表からステッチで押えます。

ペチパンツのウエストに。

裾のレースはカバーステッチでつけている。

テグス入れ …ゴム押え

巻きロックの縫い目にテグスを入れてハリを持たせます。

ゴム押えでテグス入れも簡単

ゴム押さえでテグスを入れて縫うことができます。

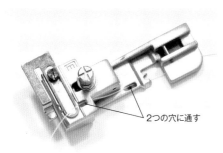

2つの穴に通す

変形巻きロック

	左	右	上	下
			ウーリー	ウーリー
オーバーロック	-----			O
縫い目切換	-----			D
かがり幅	-----			M
送り目	-----			巻1
差動	-----			N
メス	-----			使用

ゴム押え

変形巻きロック

左	右	上	下
✕	5	3	7
		ウーリー	ウーリー

送り目	巻1
かがり幅	M
差動	N
メス	使用

ゴム押え

テグス（釣り糸）、フリーウェ〜ブは衿など、形をつけたいところに使用します。

巻きロックをするときにテグスを縫い込んで、布にハリを持たせる。コサージュやシュシュ、フリルなどに。

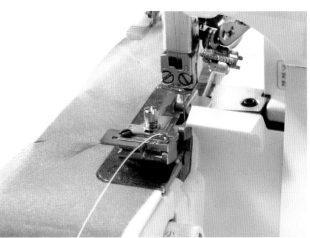

1 押えを上げて穴にテグスを10cmくらい差し込み、押え金を下ろしてテグスに糸をからめて2〜3cm空環を作る。

2 続いて布を入れて縫い始める。このときテグスと空環は縫い方向に軽く引っぱっておく。

3 縫い終わりも10cmくらいテグス入りの空環を余分につけてカットする。

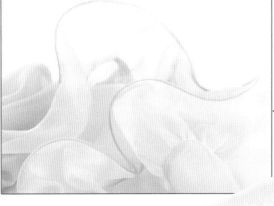

*製図は91ページにあります。

ビーズつけ …ビーズ押え

ビーズ押えを使うと、ビーズやスパンコールを入れながら、布に一度に縫い止められます。必要な寸法にビーズをつけないと、縫い合わせのときに邪魔になり、うまく縫えません。

使用アタッチメント
ビーズ押え

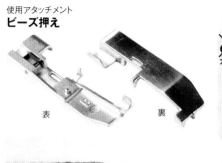
表　　裏

1本針3本糸ロック			
左	右	上	下
●	●	●	ウーリー
オーバーロック			O
縫い目切換			B
かがり幅			小
送り目		普	3.5
差動			0.8
メス			固定
ビーズ押え			

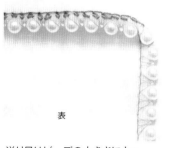
表

1本針3本糸ロック			
左	右	上	下
×	3	3	3
			ウーリー
送り目		普	3.5
かがり幅			小
差動			0.8
メス			固定
ビーズ押え			

送り目はビーズの大きさによって変動します。送り目が合っていないと生地が縮んでしまうので注意しましょう。

○　×

ビーズの縫い始めと縫い終わりの始末が難しいので途中から縫います。

ブレード・ひも作り …ビーズ押え

4mm以内のテープやひもを、芯にしてくるむと飾りひもができます。ビーズ押えを使うと針先が見えて、縫いやすい。

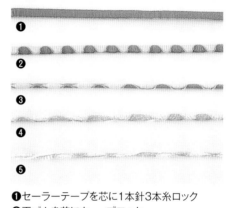
❶ ❷ ❸ ❹ ❺

❶ セーラーテープを芯に1本針3本糸ロック
❷ 平ゴムを芯にウェーブロック
❸ 丸ゴムを芯に巻きウェーブロック
❹ ウーリースピンテープを芯にウェーブロック
❺ ウーリースピンテープを芯に巻きウェーブロック

❶ のひものセットアップ

1本針3本糸ロック			
左	右	上	下
●	●	ウーリー	ウーリー
オーバーロック			O
縫い目切換			B
かがり幅			M
送り目		普	0.75
差動			N
メス			固定
ビーズ押え			

ウェーブロック			
左	右	上	下
●	●	ウーリー	ウーリー
ウェーブロック			W
縫い目切換			B
かがり幅			M
送り目		普	0.75
差動			N
メス			固定
ビーズ押え			

3.5mm幅の平ゴムをビーズ押えにのせて、送り目の密なウェーブロックで縫っていく。かがり幅は、芯にしているゴムやテープによって微調整する。

●途中からビーズをつける裏ワザ

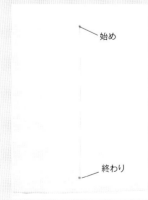
始め　終わり

ビーズテープを効果的につけた、バネロ金のポーチ

1 ビーズをつけたい位置に印をつける。

2 布を二つ折りにして縫い進み、縫い始めまできたらビーズを押え金にのせて縫い始める。

3 ビーズをセットしたらそのまま縫い進む。終わりの印でビーズを切り、そのまま続けて布端まで縫う。

コードパイピング縫い …パイピング押え

市販のパイピングコードを簡単に縫いつけられます。溝に入る幅ならポンポンテープもOK。

使用アタッチメント
パイピング押え

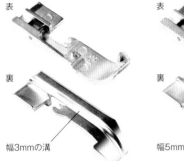

表　裏

表　裏

幅3mmの溝　　　幅5mmの溝

パイピングコードを縫いつける（コードを入れながら縫う）

2本針4本糸ロック

左	右	上	下
●	●	●	●

オーバーロック ----- 0
縫い目切換 ------ A
かがり幅 ------- 大
送り目 ------- 普3
差動 -------- N
メス ------- 使用
パイピング押え(5mm)

2本針4本糸ロック

左	右	上	下
4	4	4	4

送り目	普3
かがり幅	大
差動	N
メス	使用

パイピング押え(5mm)

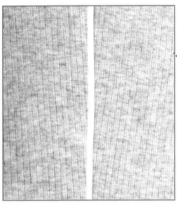

パイピングで直線を一度に縫うときは、メスを使って一定幅に縫いそろえます。角やカーブの複雑な形は片方の布地にコードを粗い送り目の1本針3本糸ロックで仮止めをしてから縫い合わせます。

ポンポンテープを縫いつける
（カーブの縫い方）

仮止めは3本糸ロックで縫います。

1本針3本糸ロック

左	右	上	下
●			

オーバーロック ----- 0
縫い目切換 ------ B
かがり幅 ------- 小
送り目 ------- 普4
差動 -------- N
メス ------- 固定
パイピング押え(5mm)

1本針3本糸ロック

左	右	上	下
✕	4	4	4

送り目	普4
かがり幅	小
差動	N
メス	固定

パイピング押え(5mm)

A布

B布

1 布を裁断する。合印をつける。

A布（表）

2 布のまわりにポンポンテープを縫いつける。中表に合わせて、クリップで止める。

3 粗い送り目で仮止めする。

4 ポンポンテープを中に挟み、A布とB布を縫い合わせる。縫い合わせは2本針4本糸ロックを使用する。

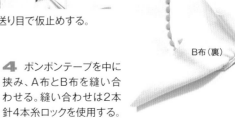

B布（裏）

角縫いでパイピングコードを縫いつける
（ポケットの作り方）

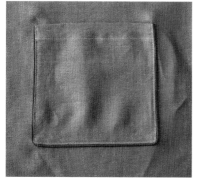

2本針4本糸ロック			
左	右	上	下
● オーバーロック			O
縫い目切換			A
かがり幅			小
送り目			普4
差動			N
メス			固定
パイピング押え(3mm)			

2本針4本糸ロック			
左	右	上	下
④	④	④	④
送り目		普4	
かがり幅		小	
差動		N	
メス		固定	
パイピング押え(3mm)			

できあがったポケットは直線ミシンで土台布に縫いつけます。

1 ポケット布を裁断して、入れ口の縫い代に接着芯を貼る。表からロックミシンで裁ち目かがりをする。

2 縫い代を折って、直線ミシンで縫う。

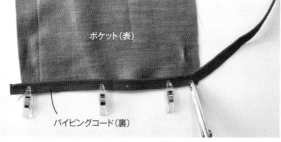

3 ポケット布とパイピングコードを中表に合わせる。パイピングコードのテープ端とポケット布の端を合わせて、クリップでとめる。角まできたら、パイピングコードに切り込みを入れる。

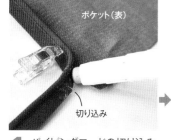

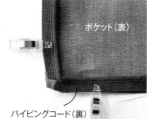

4 パイピングコードの切り込みの前後に布用のりをつける。直角に曲げてクリップでとめ、パイピングコードをポケットの角にずれないように貼る。

5 パイピングコードをポケットのまわりにとめ終えたところ。

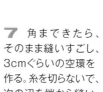

6 パイピング押えの裏側の溝にパイピングコードの芯が入るように、ポケット布をセットして縫い始める。

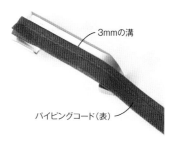

7 角まできたら、そのまま縫いすごし、3cmぐらいの空環を作る。糸を切らないで、次の辺を端から縫い始める。

8 残った辺も同様に縫う。

9 空環の糸始末をする。（p.31参照）パイピングコードの端をポケットの裏側に折る。

10 パイピングコードの芯側がポケットの外まわりに出るように、縫い代をアイロンで折る。

81

ポンポンテープのつけ方

外まわりにポンポンテープをつけたスタイです。表本体の外まわりに
コードパイピング縫い（p.80）でポンポンテープをつけて、
表裏の本体を2本針4本糸のロックミシンで縫い合わせて作ります。
＊型紙を販売しています。96ページ参照。

丸いスタイの作り方

裏本体（裏）　　表本体（裏）

1 縫い代付きの型紙を作って、布を裁断する。
布の裏側に接着芯を貼る。

2 5mmのパイピング押えの裏側の溝にポンポンテープのポンポンが入るようにセットする。

5mmの溝

ポンポンテープ（裏）

2本針4本糸ロック			
左	右	上	下
オーバーロック	-----		0
縫い目切換	-----		A
かがり幅	-----		小
送り目	-----	普	3
差動	-----		N
メス	-----		固定
パイピング押え(5mm)			

2本針4本糸ロック			
左	右	上	下
4	4	4	4
送り目	普3		
かがり幅	小		
差動	N		
メス	固定		
パイピング押え(5mm)			

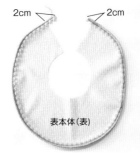

2cm　　　2cm

表本体（表）

3 表本体の外まわりにポンポンテープを少し粗い針目で縫いつける。
テープ端は2cm程長めにつけて、テープだけを縫う。

ポンポンをカット

カットする

4 ポンポンテープの端をカットする。縫い代部分のポンポンをカットする。

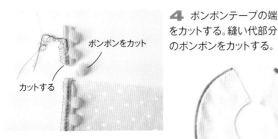

表本体（裏）

5 表裏の本体を中表に重ねて、外まわりを2本針4本糸のロックミシンで縫う。

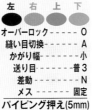

返し口

裏本体（裏）

6 内まわりと片方の後ろ端を2本針4本糸のロックミシンで縫う。

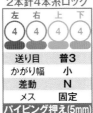

表本体（表）

7 縫い残した後ろ端から表に返す。

表本体（表）

返し口

8 返し口の縫い代を内側に折って、重ねる。

表本体（表）

ミシン　0.2cm

9 スタイのまわりを0.2cmの直線ミシンで縫う。

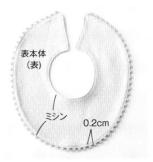

表本体（表）

10 後ろ端にプラスナップをつけて、仕上げる。

●四角いスタイ

四角い外まわりにパイピングコードをつけたスタイです。81ページのコードパイピングの角の縫い方とこのページのスタイの作り方を参考にして作ります。

＊型紙を販売しています。96ページ参照。

フリンジ縫い …裾まつり押え

わざと振り糸を余らせて、2本針4本ロックで縫います。縫い目の端に、次々と
縫い重ねていくと、フリンジが作れます。重ね縫いが多いほど、幅の広いフリンジができます。

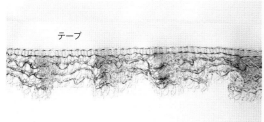

テープ

2本針4本糸ロック

左	右	上	下
ラメ糸		ラメ糸	ウーリー
オーバーロック		-----	O
縫い目切換	-----		A
かがり幅	-----		大
送り目	---	普3~4	
差動	-----		N
メス		使用	

裾まつり押え

使用アタッチメント
裾まつり押え

表　　　裏

2本針4本糸ロック

左	右	上	下
4	4	4	4

送り目	普3~4
かがり幅	大
差動	N
メス	固定

裾まつり押え

滑脱する布地は端に
巻きロックをしてから、
フリンジ縫いをします。

布端に
フリンジ縫いを
施した、ストール

太い糸を使うと
効果的

★オゼキ ラメスタイロ

テープ

1 メスを固定し、押
え金のガイドに布端を
合わせて縫うと、かがり
糸のループができる。
作品は白いテープの端
を縫っている。

2 1段目のループ端
に押え金のガイドを合
わせて、重ねて縫う。

2段縫ったところ

3 同様にして、3段目、
4段目を重ねて縫う。

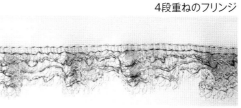

4段重ねのフリンジ

テープをくるくる巻いて、
中心を縫い止めれば
コサージュのできあがり。

カバーステッチミシン

表に直線ミシンの縫い目、裏にロックミシンの縫い目ができます。このカバーステッチミシンは
片面飾り縫いができます。カバーステッチとチェーンステッチができます。既製品のTシャツなどに
よく見る縫い目です。裾や袖口など、折り上げた縫い代を縁かがりをしながら、一度で縫えます。

各部の名称と糸のかけ方

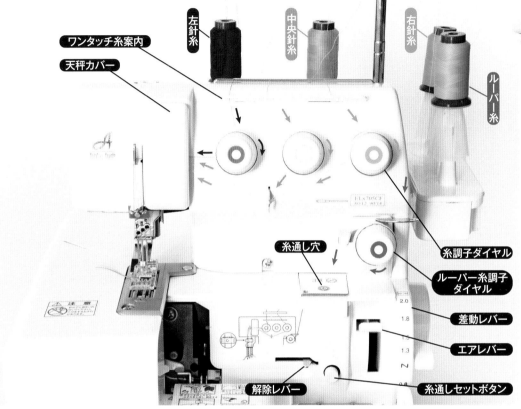

ふらっとろっく BL72S (ベビーロック)

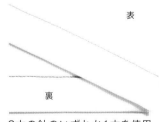

針は右針、中央針、左針の3
本です。針の組み合わせによ
って、3mmと6mmのカバー
ステッチができます。

針糸が3本、ルーパー糸が1本になります。3本の針糸はアンテナ、ワンタッチ
糸案内、糸調子ダイヤル、天秤、針糸案内の順にかけた後、それぞれの針に通
します。ルーパー糸はアンテナ、ルーパー糸調子ダイヤルにかけた後、ロック
ミシンと同様に糸通し穴に入れ、エアレバーを押して糸を通します。
出始めの糸は横に出しておきます。

縫い目の種類 …送り目は通常、2.5～4にセットして使用する。

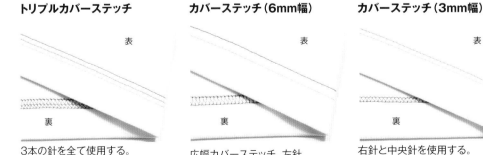

トリプルカバーステッチ

3本の針を全て使用する。

カバーステッチ（6mm幅）

広幅カバーステッチ。左針
と右針を使用する。

カバーステッチ（3mm幅）

右針と中央針を使用する。

チェーンステッチ

3本の針のいずれか1本を使用。
二重環縫いと呼ばれ、よく伸び縮
みするので、ニット地の衿ぐりの
ステッチや縫い合わせに使う。

輪になった部分の縫い方（筒縫い）

point 消えるチャコペンなどで印を書いておくと簡単。

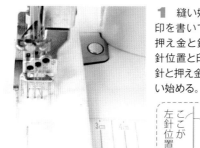

表

1 縫い始めの位置に、印を書いておくと便利。押え金と針を上げ、左針位置と印を合わせる。針と押え金を下ろし、縫い始める。

左針位置｜ここが印を書く｜折る｜縫い代

表

2 そのまま縫い進み、縫い始めの手前までてきたら、縫い始めの糸を3本切る。

裏

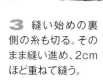

3 縫い始めの裏側の糸も切る。そのまま縫い進め、2cmほど重ねて縫う。

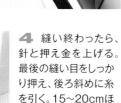

4 縫い終わったら、針と押え金を上げる。最後の縫い目をしっかり押え、後ろ斜めに糸を引く。15〜20cmほど糸を引いて切る。

point 針を上げるとき、必ずはずみ車を手前に回す。後ろに回すとループが外れてほどけてしまうので注意する。

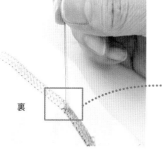

裏

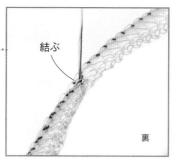

結ぶ

裏

5 縫い終わりは、ほどけやすいので注意しながら、表の糸を裏側に出し、結びとめる。

糸は結んでから切るか、とじ針で縫い目に通して切る。

失敗した場合のほどき方

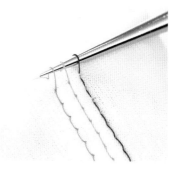

1 表の針目を目打ちを使って、引き上げる。

2 ハサミで糸を切る。

3 針糸3本を2〜3cm目打ちで抜く。

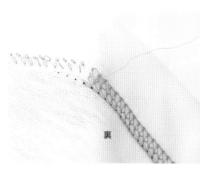

4 裏に返して、ルーパー糸を切る。ルーパー糸を引っぱれば、簡単にほどける。

裏

四つ折バインダーの使い方

カバーステッチミシンには別売りの「四つ折バインダー」というアタッチメントがあります。
このアタッチメントを使って、バインダーテープで縁どり縫いが一度にできます。

糸のかけ方　糸は中央針糸とルーパー糸の2本をセットします。針は中央針、1本を使用します。

中央針糸

ルーパー糸

中央針

四つ折バインダーと付属品

四つ折バインダー(10mm幅)本体

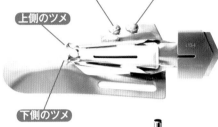

ネジA　ネジB
上側のツメ
下側のツメ

テープスタンド

アンテナ
テーブル皿
スタンド取り付け板
磁石

ミシンにセットする

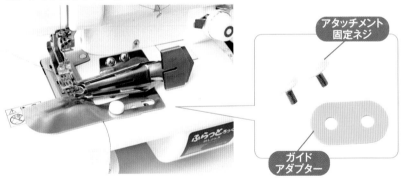

アタッチメント固定ネジ

ガイドアダプター

ミシンの上のガイドアダプターをのせ、四つ折バインダーを重ねる。固定ネジを使ってセットする。このとき、上側のツメが押え金の左針表示と合うようにする。

バインダーテープの作り方

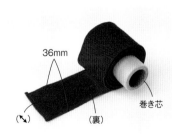

36mm

巻き芯

(裏)

1 縁どりテープになるニット地を、36mm幅の横地にカットする。布幅いっぱい分用意する。反物の芯やラップの芯など、適当な巻き芯を長さ5〜10cm分用意する。テープの表を外側にして、芯に巻く。

二つ折り

ハサミ

2 テープの先は半分に折って、斜めにカットする

三角

(裏)

3 テープの先が三角になる。

縁どり縫いをする

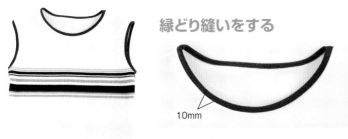

10mm

衿ぐり・袖ぐり・裾に縁どりをした、プルオーバー。
*製図は90ページにあります。

1 ミシンの横にスタンドを配置する。スタンドに裏が手前になるように、バインダーテープをセットする。テープをバインダーの中に入れる。

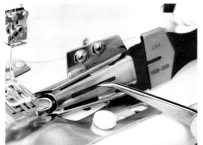

2 ピンセットを使って、テープを針側に移動させる。

3 バインダーの先からテープを引き出す。テープの先が四つ折りになるように、ピンセットでつまむ。

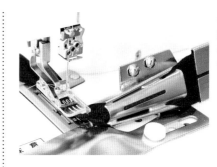

4 ピンセットでつまんだまま、押え金の下を通して、後ろ側にテープを出す。

5 テープだけで、試し縫いをする。縫い目の位置がズレている場合は、ネジA・Bを調整する。

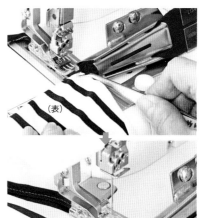

（表）

6 布の表を上にして、テープの間に差し込む。布端をテープでくるみながら、チェーンステッチで縫う。

ネジA・Bと上下のツメの関係

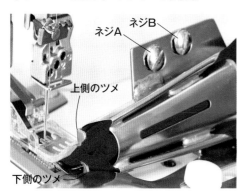

ネジB
ネジA
上側のツメ
下側のツメ

ネジAで上側のツメの調節をする。ネジBで下側のネジの調節をする。どちらのネジも、ゆるめると左側に布が動く。布を挟む前に必ず、テープだけで試し縫いをする。

ひも状のテープを作る場合

表側
裏側
チェーンステッチ

上下のテープ端がズレないように、上下のツメを同じ位置に合わせる。

縁どり用テープを作る場合

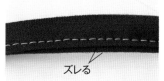

ズレる

下側のテープ端を1〜2mm出す。ネジBをゆるめて、調整する。

●複合機（縫希星）を使ってみよう

複合機について

複合機とは「オーバーロックミシン」、「カバーステッチミシン」の両方の機能を持ち、両方の縫い方や、二つのミシンを掛け合わせたコンビネーションステッチが1台でできるミシンをいいます。ここでは、インターロックの設定を使って、各部位の名称と働き、コンビネーションステッチの一部を紹介します。

縫希星 BL86WJ（ベビーロック）

インターロック チェーンステッチと1本針3本糸ロックの縁かがりとが、一度にできる縫い目です。布帛の縫い合わせに用いられる、丈夫な縫い目です。

●各部の名称

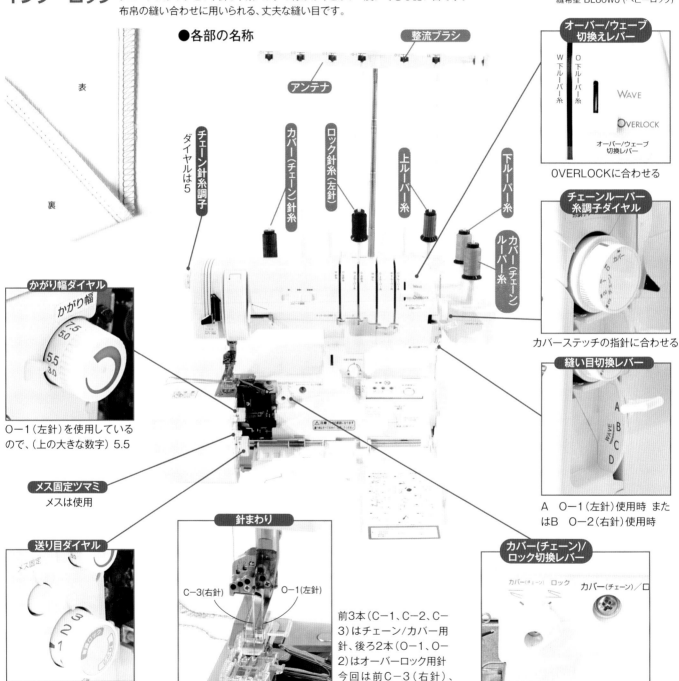

表
裏

整流ブラシ

アンテナ

ダイヤルは5

チェーン針糸調子

カバー（チェーン）針糸

ロック針糸（左針）

上ルーパー糸

下ルーパー糸

カバー（チェーン）ルーパー糸

オーバー/ウェーブ切換えレバー
W下ルーパー糸
O下ルーパー糸
WAVE
OVERLOCK
オーバー/ウェーブ切換レバー

OVERLOCKに合わせる

チェーンルーパー糸調子ダイヤル

カバーステッチの指針に合わせる

縫い目切換レバー
A
B
C
D

A　O−1（左針）使用時 またはB　O−2（右針）使用時

かがり幅ダイヤル
かがり幅
7.5
5.0
5.5
3.0

O−1（左針）を使用しているので、（上の大きな数字）5.5

メス固定ツマミ
メスは使用

送り目ダイヤル

送り目ダイヤルは（普通ロック側）3

針まわり
C−3（右針）　O−1（左針）

前3本（C−1、C−2、C−3）はチェーン/カバー用針、後ろ2本（O−1、O−2）はオーバーロック用針
今回は前C−3（右針）、後ろO−1（左針）を使用

カバー（チェーン）/ロック切換レバー
カバー（チェーン）　ロック
カバー（チェーン）/ロ

右の「ロック」へ倒す

88

布帛の縫い合わせはインターロック

一度で地縫いと端の始末ができます。
既製服でよく使われているのが、丈夫な縫い目を
必要とするGパンやデニムスカートです。

1 デニムのインターロックの縫い合わせ目。

2 ミシンのセットアップはP.88を参照する。

コンビネーションステッチ

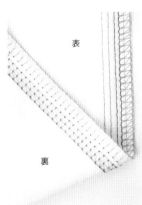

すべての糸立台に糸を立てて、前3本、後ろ2本のすべての針を使って縫っているのが「4本糸ロック＋トリプルカバーステッチ」の縫い目です。この他、組み合わせは自由自在です。糸は最大で、8本使用できます。

裾上げはカバーステッチ（6mm幅）

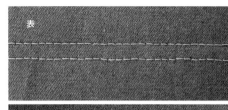
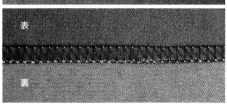

1 糸は「カバールーパー糸」「カバー針糸（右針）」「カバー針糸（左針）」にジーンズステッチ糸（#30）を立てる。

2 「チェーンルーパー糸調子ダイヤル」「カバー（チェーン）/ロック切換レバー」を共にカバーステッチに合わせる。針は前C－1（左針）、C－3（右針）を使用する。

3 チェーン/カバー用テーブルを使用する。メスは固定する。

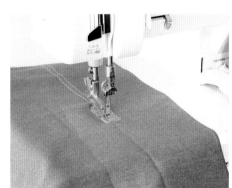

4 懐が広いので、幅の広い折り上げができる。糸が太いので、送り目は「3.5」で縫う。

この本の作品の製図

●縫い代幅の決め方

・ロックミシンを使って、布を縫い合わせる場合

縫い方の種類	縫い代幅	布地
2本針4本糸の普通ロック	7mm	普通～厚地
1本針3本糸の普通ロック	5mm	薄地

・ロックミシンを使って、布端に飾りミシンをかける場合

縫い方の種類	縫い代幅	布地
標準巻きロック 変形巻きロック	5mm	普通～厚地

・ロックミシンを使って、縫い代の裁ち目かがりをする場合

縫い方の種類	縫い代幅
1本針3本糸の普通ロック 1本針2本糸の普通ロック	裁ち目かがりの場合は縫い代幅の決まりはありません。

※□囲みの数字は縫い代幅です。指定以外は縫う位置によって、上記のように縫い代をつけてください。

P.87 ランニング

*この本のロックミシンの縫い合わせは、メスを固定して縫うので、型紙に指定の縫い代をつけて布を裁断してください。

P.69 ドルマンスリーブのジャケット　　　P.71 ドルマンスリーブのボレロ

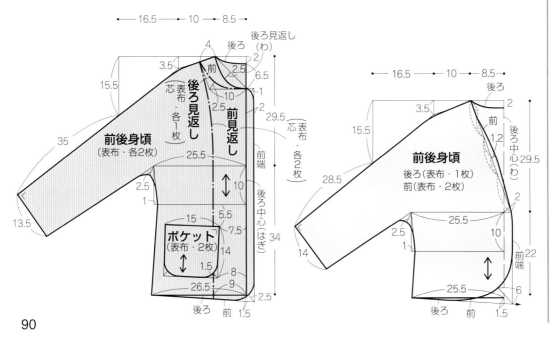

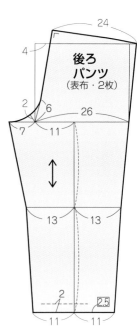

P.6 クルーネックTシャツ　P.52 VネックTシャツ

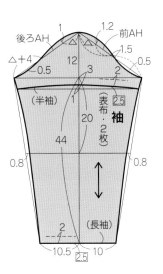

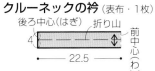

クルーネックの衿（表布・1枚）

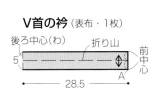

V首の衿（表布・1枚）

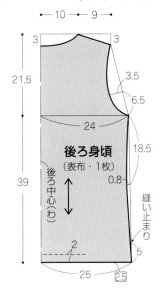

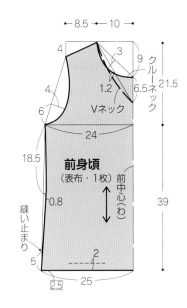

P.66 パンツ

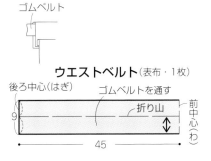

ウエストベルト（表布・1枚）

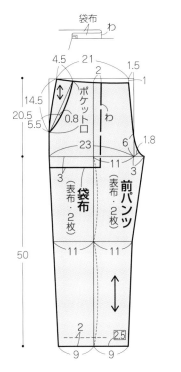

P.44・60 ボトルネックのプルオーバー

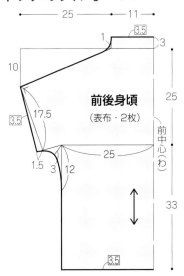

P.59・78 フリル付きドルマンスリーブのボレロ

身頃フリル
（表布・1枚）（はぎ目は適当に入れる）

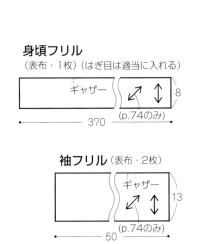

袖フリル（表布・2枚）

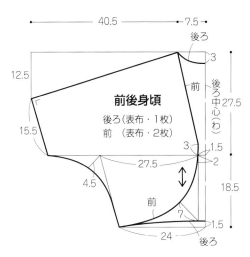

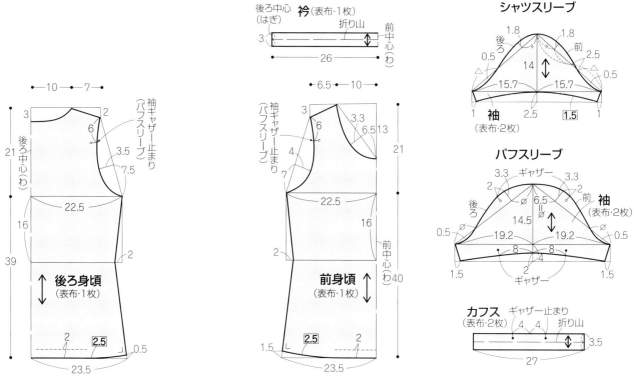

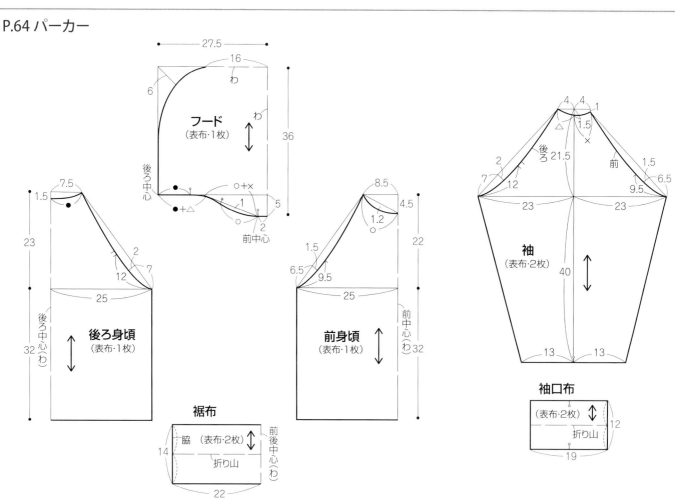

エコバッグの作り方

*小さくたたんで
収納できます。

※**材料**
・表布（綿プリント）110cm幅50cm
※**できあがりのサイズ**
・縦55cm×横34cm×マチ16cm
※縫い代はつけずに裁ち切りにします。

製図

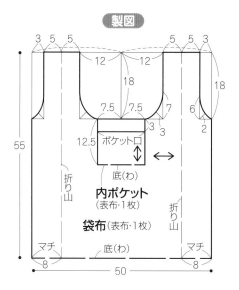

作り方

1. 折り山線でマチ分を折って、
変形巻きロックで縫う

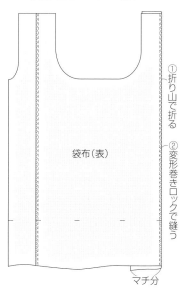

①折り山で折る
②変形巻きロックで縫う
袋布（表）
マチ分

2. 底線で二つ折りにして、
脇線を変形巻きロックで
縫う

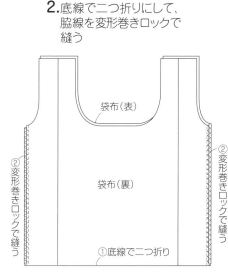

②変形巻きロックで縫う
袋布（表）
袋布（裏）
①底線で二つ折り
②変形巻きロックで縫う

3. 持ち手の上部を変形巻きロック
で縫う

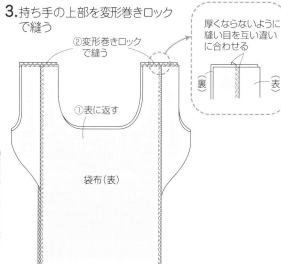

②変形巻きロックで縫う
①表に返す
袋布（表）
厚くならないように
縫い目を互い違い
に合わせる
（裏）（表）

できあがり

4. 内ポケットを作る

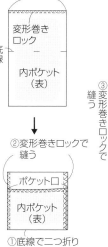

ポケット口
変形巻きロック
底線
内ポケット（表）
↓
②変形巻きロックで縫う
ポケット口
内ポケット（表）
①底線で二つ折り

5. 内ポケットを袋布の内側に
配置して、入れ口と持ち手
のまわりを変形巻きロック
で縫う

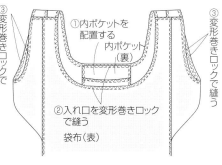

③変形巻きロックで縫う
①内ポケットを配置する
内ポケット（裏）
②入れ口を変形巻きロックで縫う
③変形巻きロックで縫う
袋布（表）

6. マチを折り込んで、底線を
変形巻きロックで縫う

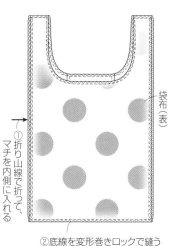

①折り山線で折って、マチを内側に入れる
②底線を変形巻きロックで縫う
袋布（表）

表布の裁ち方図

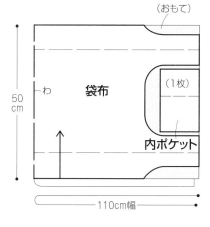

（おもて）
袋布
わ
内ポケット
（1枚）
50cm
110cm幅

索引

撮影協力

この本で使用したベビーロックミシン
(株) ベビーロック
千代田区九段北1-11-11　TEL03-3265-3561
https://www.bebylock.co.jp

素材提供・協力

アルスコーポレーション株式会社
大阪府堺市中区八田寺町476-3　☎0120-833202
http://www.ars-edge.co.jp

オゼキ株式会社
愛知県名古屋市中区栄5-2-21　TEL 052-261-1881
http://www.it-ozeki.com

株式会社KAWAGUCHI
東京都中央区日本橋室町4-3-7　TEL 03-3241-2101
http://www.kwgc.co.jp

清原株式会社
大阪府大阪市中央区南久宝寺町4-5-2　TEL 06-6252-4735
https://www.kiyohara.co.jp/store

クロバー株式会社
大阪府大阪市東成区中道3-15-5　TEL 06-6978-2277（お客様係）
https://clover.co.jp

株式会社フジックス
京都府京都市北区平野宮本町5　TEL 075-463-8112
https://www.fjx.co.jp

STAFF

編集	北脇美秋
撮影	藤田律子
	腰塚良彦
ブックデザイン	野口真理子
製図トレース	榊原良一
アトリエスタッフ	大坂香苗
	倉井ノリユキ
	倉井ミヨハ
クッション(裏表紙)提供	吉村千恵美

通信販売

90～92ページに掲載した服の切り取って使える
縫い代付き実物大の型紙（S～LLまでの4サイズ）と
本誌で使用したソーインググッズを通信販売しています。

問い合わせ・申込先
クライ・ムキ株式会社　TEL 03-5738-9155
　　　　　　　　　　　 FAX 03-5738-9156
ウェブショップ　http://shop-kurai-muki.ocnk.net
e-mail　info@kurai-muki.com
※電話での受付は平日の10:00～17:00までです。

ロックミシンのソーイングテキスト［新装版］

2021年6月30日　初版発行

編集人　高橋ひとみ
発行人　志村　悟
印　刷　共同印刷株式会社
発行所　株式会社ブティック社
TEL：03-3234-2001
〒102-8620　東京都千代田区平河町1-8-3
https://www.boutique-sha.co.jp
編集部直通　TEL:03-3234-2061
販売部直通　TEL:03-3234-2081

PRINTED IN JAPAN　　ISBN：978-4-8347-9052-8

この本は既刊のレディブティックシリーズno.4419「ロックミシンのソーイングテキ
スト」が好評のため、バイピングテープ・ボンボンテープを使ったポケットとス
タイの作り方、パーカー・エコバッグの縫い方を加えて新装版としました。

本選びの参考にホームページをご覧ください
ブティック社　検索
https://www.boutique-sha.co.jp